立人天地

叶赛宁与邓肯：

激情的悲剧

[俄罗斯] 尤利娅·安德烈耶夫娜 著
(Юлия Андреева)
顾宏哲 译 曾思艺 校

Любящий Вас
Сергей Есенин

黑龙江出版集团
黑龙江教育出版社

版权登记号：08-2016-031

图书在版编目（CIP）数据

叶赛宁与邓肯：激情的悲剧 /（俄罗斯）安德烈耶夫娜著；顾宏哲译.
-- 哈尔滨：黑龙江教育出版社，2016. 1
ISBN 978-7-5316-8682-8

Ⅰ. ①叶… Ⅱ. ①安… ②顾… Ⅲ. ①叶赛宁（1895~1925）—书信集
②邓肯, I.（1878~1927）—书信集 Ⅳ. ①K835.125.6 ②K837.125.76

中国版本图书馆CIP数据核字(2016)第062326号

叶赛宁与邓肯：激情的悲剧
YESAINING YU DENGKEN：JIQING DE BEIJU

选题策划 王春晨
作　　者 〔俄罗斯〕尤利娅·安德烈耶夫娜（Юлия Андреева）著
译　　者 顾宏哲 译 曾思艺 校
责任编辑 宋舒白 杨佳君
装帧设计 冯军辉
责任校对 张瑞武
营销推广 李珊慧

出版发行 黑龙江教育出版社（哈尔滨市南岗区花园街158号）
印　　刷 北京鹏润伟业印刷有限公司
新浪微博 http://weibo.com/longjiaoshe
公众微信 heilongjiangjiaoyu
天 猫 店 https://hljjycbsts.tmall.com
E-mail heilongjiangjiaoyu@126.com
电　　话 010—64187564

开　　本 880 × 1230　1/32
印　　张 10.25
字　　数 209千
版　　次 2016年6月第1版　2016年6月第1次印刷
书　　号 ISBN 978-7-5316-8682-8
定　　价 42.00元

题记

1923年秋，《红色新事物》（*Красная новь*）编辑部的房间里走进来一位身材消瘦、体型匀称、略高于中等身材的年轻人，大约二十六七岁。他身穿一套全新的灰色英格兰细呢西服。不知为何，这套衣服穿在他身上，让人感到非常舒服。搭在手臂上的大衣衬里闪闪发光。来者从容不迫地环顾了一下四周，把带有象牙把手的手杖放在墙角，摘下手套，压低声音轻轻地说：

"我是谢尔盖·叶赛宁[①]。我来是想和各位认识一下。"

——A.K.沃隆斯基[②]，《记忆中的叶赛宁》

（*Есенин в воспоминаниях*）

①谢尔盖·亚历山德罗维奇·叶赛宁（Сергей Александрович Есенин，1895—1925），俄国田园派诗人，生于梁赞省一个农民家庭，由富农外祖父养育。——编者注

②亚历山大·康斯坦丁诺维奇·沃隆斯基（Александр Костантинович Воронский，1884—1937），俄国布尔什维克主义革命家、作家、文学批评家、艺术理论家，1937年8月13日在大清洗中被枪毙。

目 录 / contents

第一章 命中注定

世界上所有的人都可以分为诗人和非诗人两种，而诗人妨碍非诗人的生活，非诗人也妨碍诗人的生活。前者激怒后者，或者相反。可是，地球只有一个，他们不得不生活在一起。但他们非常难以和睦相处。特别是当他们明白（对很多人来讲，是猛然间意识到的），诗人与非诗人都是凡人，即他们彼此平等的时候……

亚历山大·拉特克维奇[1]在自己的著作《叶赛宁与邓肯》（*Есени и Дукан*）中这样写到。

关于叶赛宁与邓肯[2]这一对璧人，可以肯定的是：他们不像命运安排的那样彼此适合。年龄的差距、离开翻译就无法进行的交流：邓肯不懂俄语，而叶赛宁不想学习其他任何一种语言。再加上教育背景、交际圈子和经历的不同……

---

①亚历山大·米哈伊洛维奇·拉特克维奇（Александр Михайлович Раткевич，1954—），白俄罗斯作家、出版家、编辑，白俄罗斯文学协会“波洛茨克流派”荣誉主席、俄罗斯职业文学家联合会会员。

②伊莎多拉·邓肯（Isadora Duncan，1878—1927年），美国舞蹈家，现代舞的创始人，世界上第一位披头赤脚在舞台上表演的艺术家。——编者注

但他们仍然被命运安排成为一对。人世间的两个天才，在物质主义至上世界里的两位理想主义诗人，他们用爱的语言进行交谈。而且种种证据表明，从初次见面起，“就令人难以相信他们二人是第一次相遇”。[①]

> 曾经有过激情，很狂热的激情。这种情况持续了一年之久，然后一切都过去了，什么都没有留下，什么都没有了。当激情还在的时候，我什么也看不见，可现在……我的上帝，当时我是多么盲目，我的眼睛干什么去了呢？的确，人们总是这样盲目。[②]

邓肯一生中曾不止一次求助于算命术、占星术和通灵术。这没有什么可奇怪的，她童年时代的美国的的确确充斥着形形色色的预言家和预报者。报纸上常常刊印一些占星图和关于占星术及算命术的简明教程。只要走出家门几步，就会有每个人花一点小钱就可以进去学习的通灵术俱乐部或者扩大人体生物场的培训班。我们那些见识过人所共知的90年代俄罗斯的读者们，会轻易地找到熟悉的类似场景。

在自己的一本书中，邓肯讲道：少年时代读父亲的诗作时，她发现，其中一首诗中父亲预言自己最后会彻底破产，后来这一厄运果然降临到了他的头上。

---

①见《与叶赛宁的会面》(*Встречис Есениным*)一书，作者伊利亚·伊里伊奇·施耐德(Илья Ильич Шнейдер，1891—1980)，俄国记者、戏剧工作者、伊莎多拉·邓肯的秘书。

②加利亚转述的叶赛宁之言。

“在爱情能够审视不朽之美的时刻，它可以被称为心灵的目光。”——伊莎多拉·邓肯

邓肯本人也曾按照当时流行的可以给生活带来财富和好事情的库埃方法[①]练习过心理暗示：

> 不能再这样下去了！我已经透支了自己的银行账户。必须找到一位百万富翁，以使我的学校生存下去。

邓肯在自己的书中这样愤愤不平地写到。

> 偶然说出的愿望开始在心头萦绕，挥之不去。
>
> “我必须找到一位百万富翁！”
>
> 每天重复一百次这句话，刚开始以开玩笑的方式，后来按照库埃的方法严肃认真地说。
>
> 一天早晨，在一次特别成功的演出之后，我身穿宽大的便服在镜子前面坐着。记得，为了即将进行的白天演出，我的头发用很多卷发器卷着，脑袋上还戴着包发帽。侍女递给我一张名片，在名片上我看到了一个非常熟悉的名字，突然，我头脑中灵光一现：“这就是我的百万富翁！”[②]

我引用这个片段是为了证明，邓肯不仅是一位天生敏感的创造性人物，她还能创造自己的思想，之后这些想法会在她的生活中得以实现。

---

①库埃方式（Куэ），又称库埃疗法，由法国心理学家埃米尔・库埃（1857—1926）创造的一种通过内心强大的心理暗示来解决现实中的一些问题，一种不依赖外力外物的自我“修复”方式方法。——译者注

②选自伊莎多拉・邓肯的回忆录。

邓肯相信梦和预兆，能够注意到变动不居的现实画面中那些明显的和难以捕捉的征兆。

据邓肯自己回忆，她在教堂的圆顶上看见了自己未来儿子的脸，因此得知自己怀上了第二个孩子，然后才去找医生证实自己的猜想。

有一天，我去圣马可教堂，一个人坐在那里，看着教堂镀金的蓝色圆顶。忽然，我看见了一张小男孩的脸，天使一般，长着大大的圆眼睛和一头金色的鬈发。[①]

不过，医生，也是邓肯的朋友和超级粉丝，得知她怀孕后，却要求她立即终止妊娠。

为什么？孩子的父亲是著名的百万富翁帕里斯·辛格尔[②]，绝对有实力照顾自己的继承人及其母亲。而邓肯既年轻，又健康……

尽管如此，医生还是坚持要她做人流。

“这可恶至极！”他高声说，“您是贵家族唯一的演员，您将再次面临永远失去您的艺术世界的风险。这是绝对不可以的。请您听从我的建议，拒绝这一反人类的罪行。”

我请求我的朋友给我一个小时的时间考虑。宾馆房间的情景至今历历在目，一切都好像刚刚发生：那是一个十分阴暗的

①选自伊莎多拉·邓肯的回忆录。

②帕里斯·辛格尔（Парис Зингер），约生于1870年，死期不详。

房间，我眼前的墙上挂着一张画——画上是一位穿着18世纪衣裙的不同寻常的女性，冷酷但美丽的眼睛直视着我的眼睛。我也直视她的眼睛，她的眼睛似乎在嘲笑我。“无论您做出什么样的决定，”这双眼睛似乎在说，“结果都只有一个。请看看我多年以前容光焕发的美丽。死亡会吞噬一切，一切。您为什么要再次受苦，给一个注定要被死亡带走的人以生命？”①

孩子惨死之前的一年内，邓肯无论到什么地方都能看见一些小棺材，之后突然创作了一部以肖邦的《葬礼进行曲》（*Похоронный марш*）为配乐的舞剧。在舞台上，她塑造了一位埋葬亲生孩子的母亲。

“请您演奏肖邦的《葬礼进行曲》。”

“为什么？”斯京②很吃惊，“您可是从来没用这个曲子跳过舞啊！”

“不知道。您就演奏吧！”

我一再坚持，他只好同意了，于是我跳了那个进行曲。我表现了一位妇女，她抱着自己死去的孩子，一步一步、踉踉跄跄地走向孩子们的安息之地。我展现了将尸体放入墓穴、灵魂脱离自己的监狱——躯体及其升天——奔向复活的情景。

当我结束舞蹈、大幕落下之时，出现了一种怪异的安

①选自伊莎多拉·邓肯的回忆录。
②格涅尔·斯京（Генер Скин），钢琴家，邓肯的朋友。

静。我看了一眼斯京，他面色惨白，全身颤抖，握住我双手的手也是冰凉的。

“永远也别再让我演奏这个。”他请求道，“死亡的翅膀已经碰到了我。我甚至闻到了葬礼之花——白花的气味，看见了儿童棺木，棺木……”①

但是，邓肯还是不止一次地又表演了这个可怕的舞蹈，她一定是察觉到了悄悄降临的不幸的冷冷的气息。

还有另外一种算命方法，就是看手相。著名画家列昂·尼古拉耶维奇·巴克斯特②业余时间迷上了手相术。有一次，他还给邓肯看了手相：

吃饭的时候，巴克斯特给我画了一幅素描，如今这幅画出现在他的新书之中。画上的我面部表情十分严肃，一头鬈发伤感地从一边垂下。令人吃惊的是，具有某种天赋洞察力的巴克斯特这一天在我的掌纹中发现了两个十字架纹，他说：“您会得到声誉，但是会失去两个您在这个世界上最爱的人。”那时，这一预言对我来说还是个谜。

几年之后，邓肯还会看见两个神秘的十字架，这次是在自己

①选自伊莎多拉·邓肯的回忆录。

②列昂·尼古拉耶维奇·巴克斯特【(Леон Николаевич Бакст)，原名雷伯-哈依姆·伊兹拉伊列维奇（Лейб-Хаим Израилевич）或列夫·萨莫伊洛维奇·罗森伯格（Лев Самойлович Розенберг），1866—1924】，俄国画家、舞美设计师、书籍插图画家、架上绘画及戏剧线条画大师，“艺术世界联合会”（Мирискусства）和谢·巴·佳吉列夫戏剧艺术规划中最杰出的活动家之一。

的新房子里。房子是用帕里斯·辛格尔的钱建造的，十字架就在她那装饰豪华的小客厅门上。她能看见，但是肯定不敢设想这一可怕征兆的含义。

又过一段时间，在孩子们已经死亡之后，邓肯和她的哥哥一起来到维也纳，想稍稍散散心，改变一下环境。这时，在命运的安排之下，她竟然又住进了那家宾馆、那个挂着可怕女人头像的房间。这就是命……

下面描绘的是我们的女主人公算命的另一幅场景，这发生在她动身去俄罗斯之前：

> 离开伦敦之前，我去找一个女人算命，她说："您将远行。等待您的是一些奇怪的经历和不愉快的事情。您会嫁人……"
>
> 但是，当她说到"嫁人"这个词时，我笑着打断了她的话，"我？我一直反对婚姻，永远也不会嫁人的。""别着急，您自己会看到的。"算命女人反驳我说。[①]

算命女人预言说，在邓肯一直喜欢并受到热烈欢迎的俄罗斯，等待她的不是司空见惯的男女私情，甚至不是不时发生的诱人的罗曼史，而是名副其实的婚姻，要在护照上盖章的。尽管邓肯没有听完她的话就离开了，但是令人愉快而激动的想象却风起云涌，挥之不去。

---

①选自伊莎多拉·邓肯的回忆录。

芦苇哗哗响在静静的河湾里，
有位年轻的公主在河边哭泣，
美丽的少女在悼亡节算了一卦。
浪花冲散了无根草的花环。
唉，姑娘她不能在春天出嫁，
树林的预兆使她害怕。
白桦树被啃掉了一块皮，
姑娘被成群的老鼠赶出了家。
马儿在打架，可怕地晃动着脑袋，
唉，家神不喜欢黑色的发辫。
云杉林散发着神香的味道，
风儿响亮地唱着歌儿祭悼。
姑娘满面忧伤地在河岸上漫步，
波浪泛着温柔的泡沫为她编织裹尸布。

——谢尔盖·叶赛宁

这样说来，她等待着一个能够颠覆她婚姻观的人：邓肯旗帜鲜明地反对任何义务的束缚，认为嫁人是对女性的侮辱和奴役。所以，她去俄罗斯不仅仅是为了开办舞蹈学校，而且还等待着命运的这一新的挑战，像祭坛上等待祭祀屠刀的牺牲品。

邓肯卧室的墙上挂着一幅画：画上有三个天使在演奏小提琴，三个天使中有一个长得与叶赛宁一模一样，这是后来人们发现的!

邓肯的秘书伊利亚·施耐德讲到。

> 有一次，我看见伊莎多拉·邓肯坐在床上看一本小书，她放下书、弯腰面向地板穿鞋时，抬起一只手，握着拳头向那三个拿着小提琴的天使示威，而那三个天使从挂在墙上的画里看着她。
>
> 不过，也许这个手势有自己的原因：伊莎多拉说过，三个天使中的一个长得与叶赛宁一模一样。的确，特别像。

“忽然，我觉得我看见了一张小男孩的脸，这个小男孩同时又是一个长着蓝色的大眼睛和一头金发的天使。”——伊莎多拉·邓肯

第二章 忠诚的加利亚

说实在的，加利亚[①]对叶赛宁来讲算什么人呢？文学秘书、家政女工、保姆。据叶赛宁的妹妹舒拉[②]讲，有一次叶赛宁甚至介绍说加利亚是他的妻子。不过，自始至终他们都没有打算登记结婚，无论是认识邓肯之前，还是长期的国外旅行之后，叶赛宁离开夫人邓肯、在加利亚家里住的那段时间。这段时间之后，叶赛宁娶了索菲亚·托尔斯塔娅[③]。

叶赛宁住在布留索夫胡同，在大剧院工作人员住的那所房子对面的一个院子里，住的是一套不太大的两居室的房子。房子是加利亚·别尼斯拉夫斯卡娅的，她不久之后在叶赛宁墓前开枪自杀了。伊万诺夫·弗谢沃洛德[④]证实这些消息

①加林娜·别尼斯拉夫斯卡娅（Галина Бениславская, 1897—1926），俄国记者、文学工作者、叶赛宁的朋友与文学秘书，《回忆叶赛宁》（*Воспоминанияо Есенине*）的作者，加利亚是她的爱称。

②叶赛宁娜·亚历山德拉·亚历山德罗夫娜（Есенина Александра Александровна，1911—1981），葬在离谢尔盖·叶赛宁不远的地方。

③舒拉（Шура），指索菲亚·安德烈耶夫娜·托尔斯塔娅-叶赛宁娜（Софья Андреевна Толстая-Есенина，1900—1957），列夫·托尔斯泰的孙女，谢尔盖·叶赛宁的最后一任妻子，莫斯科国立托尔斯泰博物馆馆长。

④伊万诺夫·弗谢沃洛德·维亚切斯拉沃维奇（Иванов Всеволод Вячеславович，1895—1963），俄国作家、戏剧家，生于乡村教师家庭，很早就离家工作，浪游过很多地方。

说："他起床早，九点整就起来了。起来时，桌子上给他摆好了茶炊和他特别喜欢的白面包。"

"吃我比较文明，可喝起来却没完没了。"

"喝过了我们梁赞的茶之后，现在你来尝尝高加索的茶。"说着他从桌子下面拿出一个装着红酒的瓶子。

加利亚第一次见到叶赛宁时，他正在朗诵自己的诗歌，她一见钟情：对叶赛宁本人，还有他的诗歌……后来，他们在尼奇茨卡娅大街上的一个书亭边不期而遇，当时加利亚和一位女性朋友一起去的那里。你一句我一句的，他们就认识了。

……从那天起，在"斯托伊洛·比加斯"，我的脸总是红得像罂粟花。

加利亚在自己的著作《回忆叶赛宁》中讲道：

那时是冬天，人们都要冻僵了，我却热得只想扇扇子。一个美丽的童话就从这天晚上开始了。这个故事一直持续到1925年6月。尽管有那么多我们不能承受的焦虑不安，尽管有那么多伤痛——这仍然是一个美丽的童话。无论如何，这是不仅在如此短暂的一生中可能遇不到，而且在十分漫长而特别成功的一生中也可能遇不到的事情。

从那时起，开始了一连串令人无比开心的见面，有时在书店，有时在晚会上，有时在"斯托伊洛"。一次又一次的见面——我以此为生。他的诗和他的人一样吸引着我。因此，每个晚上都是双重的喜悦：既有他的诗，又有他的人。

下面的文字仍然出自《回忆叶赛宁》：

……谢尔盖·亚历山德罗维奇搬到我这里来（这事发生在伊莎多拉去高加索和克里米亚巡演之后）时，把装有手稿和照片的箱子的钥匙都给了我，因为他自己总是弄丢钥匙、把手稿和照片分送给别人，那些没送掉的，他就留在身边自己拖着。他也会发现东西丢了，嘟囔几句，骂几句，但却不会珍惜、保存和把东西要回来。

加利亚仇恨邓肯，因为心爱的人离开她去找又一个她认为不适合他的女人而特别焦急。叶赛宁不断地和她的女性朋友发生罗曼史，她们也都和她一样盲目崇拜他。后来，突然出现了一位盛气凌人、作风非常轻浮的夫人安娜·阿博拉莫夫娜·别尔津①。而经过与加利亚多年的亲近关系和彼此信任的友谊之后，叶赛宁突然又出人意料地娶了索菲亚·托尔斯塔娅为妻，女秘书加利亚愤恨到了极点。

下面的内容出自加利亚的日记：

他贪图托尔斯泰的名声——所有人都为他感到可惜，都鄙视他，不喜欢他，可他还是结婚了……甚至她自己也说，如

① 安娜·阿博拉莫夫娜·别尔津【Анна Абрамовна Берзинь（结婚前姓Фаламеева，即法拉梅耶娃），1897—1961】，俄国记者、出版工作者。

果她不是托尔斯塔娅，任何人也不会注意到她……谢尔盖说他心疼她。但是，为什么心疼呢？只是因为她的姓氏。他没有心疼我，没有心疼沃尔平①、丽塔②和其他那些我不认识的女人……因为姓氏和房产而与一个他生理上感到厌恶的女人睡觉——这是很严重的事情。这样的事我永远也不可能去做……

加利亚选择白天的时间来结束自己的生命。不过，冬日的墓地里人很少，未必会有人打扰到她。她低着头，在心爱的人的墓前站了很长时间，她亲手把一束鲜花放在坟前。她内心焦虑，一支接一支地吸烟。她知道，她将要做的事是深思熟虑的，但是她不能确信自己在最后关头会不会后悔。人们都说，死到临头时，人总会拼命求生。

加利亚随身带上了证件：没必要麻烦警察辨认尸体。她撕开一盒"莫扎伊奇"牌香烟，在烟盒上草草写下了几句遗言。

"我是在这里自杀而死的，尽管我知道我死后会有更多的人责骂叶赛宁……但这对我和他来讲都将是无所谓的了。这座坟墓里有我最珍贵的东西……"稍加思索之后，她又加上了日期，"1926年12月3日"。

写上日期之后，加利亚掏出一支左轮手枪和一把芬兰刀。又补充道："如果开枪之后芬兰刀插进坟墓里，那就意味着那时我还

①娜杰日达·达维多夫娜·沃尔平（Надежда Давидовна Вольпин，1900—1998），俄罗斯翻译家，也是意象派诗人及回忆录作家，诗人谢尔盖·叶赛宁的同居妻子。与叶赛宁关系亲密，于诗人死亡的前一年为之生下儿子亚历山大（Александр）。

②利夫希茨-玛加丽塔·伊萨克夫娜【Лившиц（夫姓伯恩斯坦，即Бернштейн）-Маргарита Исаковна，1903—1978】，叶赛宁亲近的女性友人，他们1920年3月相识于哈尔科夫，其后多年一直保持亲密的关系。

没有后悔。如果后悔，我就把它抛得远远的。”

把留言条放进大衣口袋，加利亚用手枪对准自己的胸口，深吸了一口气，扣动了扳机。枪没有响。双手在颤抖，热，难以忍受的憋闷，内心有一个声音在拼命地让她相信，刚才发生的事情是天意。但是，加利亚只是从口袋里掏出纸片，加上一句：“第一次没响。”她再次将手枪对准胸口——还是没响！第三次、第四次、第五次都没响！第六次，她听到了枪声，但那时她已经不可能把芬兰刀抛出去，也不可能把它插向坟头了。

奄奄一息的加利亚是被守墓人发现的，也是他叫的急救车，但是一切都徒劳无益，加利亚一直没有恢复知觉，在去医院的途中就离开了这个世界。

12月7日，人们把加利亚葬在了叶赛宁墓的后面。很长时间，墓碑上只有一行黑色的题词“忠诚的加利亚”。后来，人们更换了墓碑，在上面写上了：“别尼斯拉夫斯卡娅-加林娜·阿尔图罗夫娜（1897—1926）”的字样。

决定追随自己的偶像而去之后，加利亚给叶赛宁写了第一首、也是最后一首情诗：

我的光明天使，我要随你而去，
去向那荒凉的天穹。
画像上的你栩栩如生，
可你的坟头是厚厚的白雪。

我再没有什么可以怜惜，

因为在安格列杰尔宾馆的门槛上，
我的灵魂只能腐朽，
我的信仰也已永久死亡。

装上子弹的纳甘式转轮手枪发着光，
我看得见你，我的爱人。
颈上的绳子，像束缚俘虏的绳索，
嘴唇上覆盖着冷冷的冰霜。

空弹的死亡之声，
我一次又一次瞄准自己的心脏。
湿漉漉的双手不再颤抖，
你坟墓上方的烛火即将熄灭。

最后一次射击，死寂，
死亡张开它的网罩。
月亮送我上路，
冷风会为我做安魂祈祷……

邓肯是否知道忠诚的加利亚死亡的故事，不得而知。她怎样看待叶赛宁死去一年之后发生在他墓前的这一牺牲？倘若她事先知道自己会在诗人离去两年之后悲惨地死去，她会说些什么？的确，他们的相遇是命中注定的。现在，让我们来直接讲述一下他们的相遇。

加林娜·阿尔图罗夫娜·别尼斯拉夫斯卡娅（加利亚）——叶赛宁的朋友及文学助理，诗人去世一年之后，加林娜在他墓前开枪自杀身亡。

第三章 注定不幸的相遇

叶赛宁与邓肯的第一次相遇发生在波尔沙亚萨德瓦亚大街10号的一座房子里，或者波尔沙亚萨德瓦亚大街302—B。据米哈伊尔·布尔加科夫[①]证实，很快就发现那座房子里有一所“凶宅”。这正是沃兰德和玛格丽特将要会面的地方。顺便说一句，在他们注定不幸的相遇时刻，米哈伊尔·阿法纳西耶维奇本人也住在这座房子里。虽然没有参加在亚库洛夫工作室举办的邀请晚会，但是，别的不说，他对彼岸世界还是很了解的。当他为黑暗之王的随从选择这个地址时，他是很清醒的。

让我们来听一听邓肯的秘书和翻译、也是那些年代久远的事件的见证人伊利亚·施耐德是怎样描述那个夜晚的：

> “今天我的工作室有一个小小的晚会。”亚库洛夫[②]说，“请您一定要来。而且，如果可能，请把邓肯带来。如果能

①米哈伊尔·阿法纳西耶维奇·布尔加科夫（Михаил Афанасьевич Булгаков，1891—1940），俄国作家、剧作家、剧院指挥和演员，创作过很多中短篇小说、小品文、话剧、改编脚本、电影剧本和歌剧剧本。

②格奥尔吉·波格丹诺维奇·亚库洛夫（Георгий Богоданович Якулов，1884—1928），俄国画家、先锋派艺术家、线条画家、剧院美工、“五彩阳光理论”的创始人。

带她进入莫斯科的艺术家和诗人的圈子，那是很有意思的。”

我答应了，邓肯也马上同意了。

亚库洛夫的工作室位于一座高楼的上层，离“玻璃房子”挺近，在萨德瓦亚大街上。

邓肯的出现引起了短暂的停顿，然后就开始了极度的喧闹。能够听得清的只有人们的高喊声“邓肯”！

亚库洛夫满面春风。他邀请我们入席，但是邓肯不想吃晚饭，于是我们送她到隔壁房间，在那里，她马上被人群团团围住，众星捧月般地安坐在贵妃榻上。

忽然，有个穿浅灰色套装的人差点儿把我撞一个跟头。他从我身边一闪而过，边跑边喊：“邓肯在哪儿？邓肯在哪儿？”

“这是谁啊？”我问亚库洛夫。

“叶赛宁……”他笑了。

我见过叶赛宁几次，但这时我没有马上认出他来。

稍晚一些，我和亚库洛夫一起走到邓肯身边。她半躺在长沙发上。叶赛宁跪在她身边，她用手抚摸着他的头发，一字一句地用俄语说着：

“金色——的——头发……”

亚库洛夫给我们做了介绍。我仔细地打量叶赛宁，与俗话“好事不出门，坏事传千里”相反，他身后接踵而来的同时有两种名声：一是关于他的诗歌，那是真正的大诗歌，一是关于他的古怪行为。

他个子不高，尽管举止十分优雅，身材却很敦实。他的眼睛令人难忘——蓝蓝的，而且好像有点害羞。无论是面部的线条，还是眼睛的表情，都毫无粗鲁之感。

……叶赛宁跪在地上，面向我们，解释说：

“有人告诉我，邓肯在艾尔米塔什，我就飞到那里去了……”

伊莎多拉又把手伸进“他金色的头发”中……他们就这样“交谈着度过了”整个晚上，用的是绝对不同的语言（叶赛宁不懂任何一种外语，邓肯则不会说俄语），但他们好像完全明白对方的意思。

“他给我读了他的诗。”在那个晚上邓肯说，“我什么也不明白，但是我能听得出，这些音乐、这些诗歌的作者是天才！”

时间已经过了午夜。我问邓肯她是否想回家。客人们都散了。伊莎多拉不情愿地从贵妃榻上站起来。叶赛宁寸步不离地跟在她身后。当我们来到萨德瓦亚大街上时，天已经完全亮了。那时，莫斯科还没有出租车。我环顾四周：一辆出租马车也没有。突然，远处传来四轮马车的声音，幸运的是，车上没有人。伊莎多拉像在纵列马驾的轻便马车上一样，在座位上坐下，叶赛宁坐到她身边。

我在赶车人的座位上找了个地方坐下，后背几乎靠在车夫身上。叶赛宁不说话了，但仍然没有松开邓肯的手。轻便马车在萨德瓦亚大街上轻轻地碾过，街道已经洒上了清晨的第一缕阳光。后来，它拐过斯摩棱斯克胡同，出来后没有驶向斯塔洛克纽什内胡同，也没有驶向对着普列奇斯金卡的缪尔特维胡同，而是来到了鹅卵石路环绕的大教堂附近。我们走得非常慢，而我的两位同行者对此似乎毫无觉察。他们看上去很幸福，甚至不用劳烦我翻译点什么……

……无论是邓肯，还是叶赛宁，都丝毫没有注意到我们已经绕着教堂走了几圈。昏昏欲睡的马车夫也没有发现这一点。

“哎，老爷子!”我拍了拍他的肩膀。“你怎么，给我们举行婚礼吗？你把教堂当成里面的诵经台，已经绕着它走第三圈了[①]。”

叶赛宁一下子清醒过来，当他明白怎么回事之后，高兴地笑了起来。

“举行完婚礼了!”他拍着自己的大腿，哈哈笑着，笑得前仰后合，不时用带笑的眼睛看一眼身边的邓肯。

她想知道发生了什么事，我给她解释完之后，她带着幸福的笑容，拖长声音用英语慢慢地说：

“婚礼……”

还记得邓肯出发来俄罗斯前在伦敦得到的预言吗？那个老太太说：“您会嫁人!”

不过，暂时谁也没有谈到现实的婚姻，只有一幅美丽的画面：静谧的清晨，空旷无人的莫斯科，马路上均匀的马蹄声，半梦半醒，一半迷乱一半清明……高傲美丽的女子依偎在金发碧眼的陌生王子怀中……浪漫……美丽的画面，就像新一天清晨的虚幻之神故意制造出来的。

顺便说一句，当时亚库洛夫家有很多客人，他们对于这次注

① 俄罗斯的婚礼习俗，在教堂举行婚礼时，新人要绕着教堂内的诵经台走三圈。——译者注

定不幸的相遇的描述大致相同，只在微不足道的细节上有些出入。但让我们还是回到他们会面几个小时之前，以便于弄清楚，叶赛宁是怎样来到这个晚会上的。这次相遇的另一个见证人，叶赛宁的朋友阿纳托利·马里延戈夫[①]在自己的一本书《没有谎言的长篇小说》(*Роман без вранья*)中是这样描绘这件事的：

> 若尔日·亚库洛夫(Жорж Якулов)来到我们身边。他穿着一件紫色的旧呢子弗伦奇式军上衣。他拿着一根精细的手杖，敲打着黄色的皮护腿。一个讲究的人。他就是戴着白手套，拿着这根手杖，带领自己的连队向德国人进攻的。而他胸前橘黄色的绦带上就有很多乔治十字勋章[②]叮当作响。亚库洛夫看着我们，莫名其妙地合上一只油橄榄。而另一只则被他慷慨地倒满普罗旺斯产的油。
>
> “想不想让我介绍你们认识伊莎多拉·邓肯？”
>
> 叶赛宁几乎从凳子上跳了起来：
>
> “她在哪儿？在哪儿？”
>
> “就在这儿……嘿嘿……是一个非常好的女人……”
>
> 叶赛宁一把抓住亚库洛夫的衣袖：
>
> “快带我们去！”

您得承认，这种热情不同寻常。是的，邓肯是一位来自大洋彼

①阿纳托利·鲍里索维奇·马里延戈夫(Анатолий Борисович Мариенгоф，1897—1962)，俄国意象派诗人、剧作家、回忆录作家。

②即旧俄军功章。——译者注

岸的名人，不过，也有其他明星常来莫斯科。但是，之前叶赛宁没有像追逐汽车的小狗一样跑去找他们，也不想和他们认识。此外，您再简单想想，此前他未必见过她在舞台上的风采。否则，他肯定会向朋友们炫耀了。对于邓肯，他能了解什么？只能是报纸上写的那些东西。在非常了解叶赛宁的马里延戈夫看来，叶赛宁的这种急不可耐即使不是可疑的，也是十分奇怪的。

“如今，在他这种无法解释的极度渴望中有一种注定不祥的感觉：他渴望见到一个他从未谋面的女人，而这个女人注定要在他的生命中起到十分巨大、十分悲哀、完全是毁灭性的作用。”马里延戈夫抱怨到。

接下来的情况发展完全是果戈里（Гоголь）、普希金（Пушкин）、格林（Грин）和布尔加科夫笔下最完美的神秘主义：

> ……于是我们开始出发，从杰尔卡尔内大厅到吉姆尼大厅，从吉姆尼大厅到列特尼大厅，从列特尼大厅到轻歌剧院，从轻歌剧院回到公园，眼睛搜索着每一条长凳。哪儿都没有伊莎多拉·邓肯。
>
> “见鬼……嘿嘿……没有……走了……见鬼。”
>
> “她在这儿，若尔日，在这儿。”
>
> 然后又从杰尔卡尔内大厅到吉姆尼大厅，从吉姆尼大厅到轻歌剧院、列特尼大厅、公园。
>
> “若尔日，亲爱的，她在这儿吗？在这儿吗？”

亚库洛夫就像梅菲斯特一样，驱使着不幸的诗人跑遍全城，让他时而因预感将见到命中注定的女人而惴惴不安，时而又陷入冰冷的绝望的泥潭。最后，他终于把痛苦万分、疲惫不堪的诗人送到躺卧在长沙发上的那个女人的怀抱中，很显然，她正在等待她的天命。他为什么这样做？从伊利亚·施耐德口中我们已经得知，亚库洛夫将叶赛宁带到自己的工作室，按照约定，晚场演出之后邓肯也会到那里去。他怎么忘记路了？难道是马里延戈夫在撒谎？难道这一切都是那个沃兰德和他的那些快活的随从在开始自己阴险的演出，其中讽刺性地赋予抒情男主人公诗人叶赛宁一个没有台词的角色，而邓肯则在自己的新情人身上得到自己失去的儿子，一个（按她本人所说）集天使和魔鬼于一身的人？

> 她跟我在一起是那么的温柔，就像母亲一样。她说我像她死去的儿子。她心中有很多的柔情。[①]

①加利亚转述叶赛宁之言。

从右至左：谢尔盖·叶赛宁、伊莎多拉·邓肯、伊尔玛·邓肯[①]。1922年5月，莫斯科。

①伊尔玛·邓肯（Ирма Дукан，真实姓名伊尔玛·多列塔·根利艾塔·艾利赫-格里姆，即Ирма Доретта Генриетта Эрих-Гримм，1897—1977），伊莎多拉·邓肯的养女、舞蹈家、邓肯在莫斯科创办的舞蹈学校兼工作室的领导者（1928年以前）。

第四章 普列奇斯金卡的杜西卡[1]

与伊利亚·施耐德和邓肯一起，叶赛宁来到了位于普列奇斯金卡的一栋独门独院的房子，这是苏联政府专门为邓肯建造的，邓肯提议喝点茶。伊利亚·施耐德明白，这里不再需要他了，确切地说，是用不着翻译了，于是他就回自己家去了。从这一刻起，叶赛宁和邓肯便没有分开过，第二天叶赛宁就入住新女友家里了。

他们的罗曼史不仅马上人尽皆知，而且成了头号新闻。他们也不隐瞒自己的关系，叶赛宁几乎每天晚上都带一大群政治委员和意象派诗人到自己意中人的单独院落里来。在邓肯家里总是很开心，餐桌几乎被形形色色的佳肴压塌，香槟酒成箱地送上来。

据说，伟大的邓肯的厨房中的所有美食都是被直接从克里姆林宫运来的。邓肯得到苏联当局令人难以置信的赏识，不开玩笑地说，在俄国人都往国外跑的情况下，这个勇敢的女人却逆潮流而上，大摇大摆地迎面而来。这时，甚至她穿的衣服也基本上是

---

①杜西卡（Дуська），按照俄语习惯对“邓肯”这一姓氏的改称，带有不屑的意味。——译者注

红色的，还用无产阶级的音乐创作舞剧。除她喜欢的《马赛曲》（*Марсельеза*）之外，还加上了《国际歌》（*Интернационал*），很快，她还跳上了共青团员和少先队员的歌曲舞蹈！此外，她还主动接受采访，骄傲而激动地宣称："我是红色的！"

> 有人拼命吓唬我们。在巴黎，俄罗斯的前任大使马克拉科夫（Маклаков）和与天才的俄罗斯作曲家同姓的柴可夫斯基[①]一起来到我家。嗯，他们两个人都请求我，那个柴可夫斯基甚至在我面前跪下来，求我不要到俄罗斯去，因为我和伊尔玛一到边境就会被强奸，即使我们能顺利抵达俄罗斯，那我们也必须得吃汤里面漂浮着被砍下的人手指头的菜。

邓肯这样对记者说。

出色的公关！可是，这样的广告在任何年代都价格高昂。于是，在普列奇斯金卡大门前就聚集了一大群"信使！信使！三万五千人全是信使！"[②]，给一头红发的女神送来珍贵的香水、皮草、酒店的美食和晚会的华服。

> 邓肯的奢华，她的疯狂宴饮，她的无数罗曼史，她那从早到晚、从晚到早挤满了信使、意象派诗人、可卡因吸食者、醉醺醺的演员和醉醺醺的肃反工作人员的房子——所有

---

①这里的柴可夫斯基（Чайковский）指的是1918年起北俄罗斯政府的首脑，该政府是由占领摩尔曼斯克和阿尔汉格尔斯克的英国人组织俄罗斯白卫军建立的。

②见果戈里的《钦差大臣》（*Ревизор*）。

这一切都使贫困而愤怒的莫斯科眼花缭乱。

弗拉基斯拉夫·霍达谢维奇[1]在回忆录中这样写到。

众所周知，邓肯，或许像叶赛宁的狐朋狗友们戏称的那样：普列奇斯金卡的杜西卡，富得令人难以置信，钱多得数不过来。叶赛宁这个小傻瓜真幸运，第一次来白石城[2]，就凭借在沙龙里弹着巴拉莱卡唱着粗野难听的四句头顺口溜赢得了万千宠爱，给自己找到了一个富婆。还有人编了下面这个令人讨厌的小调：

不要批评得太严苛，
我们的叶赛宁不是那样的。
欧洲有很多的伊莎多拉——
却很少有伊莎杜拉克[3]。

要是我们的读者突然请求这个小调的作者上台表演，他肯定不会躲闪，而会微笑着走上舞台："你们好！请允许我自我介绍一下，我是阿纳托利·马里延戈夫。"但他不是出于恶意，只是看着那么年轻标致的诗人挽着一个老太婆的手臂走来走去心里难过。而且叶赛宁谈恋爱也不关他的事。不过，对外来名人掩饰不住的憎恨并不妨碍马里延戈夫每天跑到邓肯的大房子里

---

① 弗拉基斯拉夫·费利奇阿诺维奇·霍达谢维奇（Владислав Фелицианович Ходасевич，1886—1939），俄国诗人，也做过文学批评家、回忆录作家和文学史家（研究普希金）。

② 指莫斯科。——译者注

③ 俄语中的"杜拉克"是"傻瓜"的意思。

来吃吃喝喝，听话观事。

从米克拉舍夫斯卡娅[①]的回忆录《与诗人相见》（*Встречи споэтом*）中，我们可以得知这种行为的缘由。叶赛宁曾亲口对米克拉舍夫斯卡娅讲起过这件事：

> 阿纳托利想尽一切办法让我和赖赫[②]（叶赛宁的第二任妻子）争吵。常常带我离开家，总是对我说，诗人不应该结婚："你还得戴上一个棉耳套。"[③]他拆散了我和赖赫，自己却结婚了，丢下我一个人……

叶赛宁对朋友抱怨说。

叶赛宁与邓肯交往时，马里延戈夫也是竭尽所能挑拨易怒、任性的诗人与其夫人之间的关系。

有一次，他发现住在邓肯家的叶赛宁喜欢上了吃羊肉，因此写了一个四句头顺口溜：

> 我不想吃羊肉，
> 因为我受了伤，
> 我的心脏受了伤，
> 被羊肉的女主人所伤。

---

①奥古斯塔·列昂尼多夫娜·米克拉舍夫斯卡娅（Миклашевская Августа Леонидовна，1894—1977），俄国著名戏剧演员，叶赛宁的最后一次婚外恋的对象。——译者注

②季娜伊达·尼古拉耶夫娜·赖赫（Зинаида Николаевна Райх，1894—1939），俄国演员，谢尔盖·叶赛宁和弗谢沃洛德·梅耶霍德（Всеволод Мейерхольд，1874—1940）之妻。

③指女人唠叨惹人烦。——译者注

而且马上自说自话地解释起这件事，说叶赛宁已经对他的杜西卡感到十分厌恶，以至于有她在场，他连饭都吃不下去了。

读着马里延戈夫的《没有谎言的长篇小说》，我在想，生活中的任何一件事情、任何一个行为、任何一种思想都可以被以歪曲的形式呈现出来。

米克拉舍夫斯卡娅在自己的回忆录中写到。

飞机将叶赛宁带向何处？
古老的雅典，邓肯的废墟……

……叶赛宁却一天天变得郁郁寡欢。人们的冷嘲热讽和闪烁其词的暗示已经让他感到十分厌烦，他们说，他和邓肯不般配，说事实上俄罗斯诗人显然是把自己卖给了富有的外国大妈。

为了证明邓肯是一个天才和真正的奇迹，叶赛宁每天都向邓肯索要一大堆她演出的剧票，然后带着朋友们去看她的演出。让他们亲眼看看，她是什么样的！在所有的演出中，他为她鼓掌的声音都最大，时间都最长，然后再带着一大群忠实的同伴去邓肯家做客。在那里，邓肯会为了“社会精英”再次翩翩起舞，做即兴表演。而且，按惯例还会有美食美酒……

叶赛宁甚至领马里延戈夫去了最神秘的地方——卧室，让他看看自己与心爱的女人一起生活得怎么样，让他为自己的幸福感到高兴。然后他又把拿到手的第一张唱片《起舞吧，邓肯》（*Танцуй, Изадора*）放到留声机上播放。

> 邓肯戴着叶赛宁的制帽，穿着叶赛宁的西服上衣。音乐带有挑逗性，陌生而令人不安……可怕又十分优美的舞蹈。

马里延戈夫在自己的小说中讲到。

> 细细的粉红色围巾在她手中逶迤流动。她抓住它鼓起的地方，用颤抖的手指卡住它的咽喉。织物圆圆的柔软的头颅无助而悲哀地垂下。

> 客人聚集的晚上，大家通常会请求叶赛宁朗诵诗歌。

邓肯的忠实秘书伊利亚·施耐德继续讲述邓肯家举办晚会的情形。

> 他很愿意，而且最常朗诵的是《一个流氓的自白》（*Исповедь хулигана*）和长诗《普加乔夫》（*Пугачев*）中赫洛普莎（Хлопуша）的独白，后者当时正在创作之中。私下里他朗诵的声音不大，有点嘶哑，有时变成耳语一般，但是听得很清楚；有时他的声音带有铜的质感。字母“Г”的音叶赛宁发得很轻，听上去像“Х”。他若有所思，似乎凝视着只有他一人看得到的梁赞的远方，几乎耳语般地念出《一个流氓的自白》中的一节：

可怜的，可怜的农民！
你们可能已经变得丑陋，
你们如此害怕上帝……

“和深深的沼泽地……”他通常以神秘的低语结束自己的朗诵，并把其中的“O”音发得特别动听。在舞台上则恰恰相反，他朗诵的声音很洪亮，稍微带点“O”化音。读赫洛普莎的独白时常带有戏剧性的激情，而长诗结尾的语句语调十分低沉，以咽喉痉挛的声音读道：

我亲爱的人们……亲爱的……好——人……

我一直是这样。
我内心一直是这样。
就像黑麦田里的矢车菊，眼睛在脸上绽放。
诗歌的石柱上苫着镶金的粗布，
我想对你们说一句温柔的话语。
晚安！
祝你们所有人晚安！

——《一个流氓的自白》

第五章 共同语言

如果邓肯学会了俄语，或者叶赛宁掌握了英语、法语或德语——这几种语言邓肯都会说——那么，可能现在我们手中就会有这两个绝对的天才和无比勇敢的人之间柔情蜜意、激情澎湃、常常真实到有失体统的通信，然而……

“……教邓肯学俄语的方法仅限于她用英语写句子，然后不同的家庭成员辛勤地为她翻译。”邓肯的养女伊尔玛·邓肯插话说。

事实上，在革命前的俄罗斯，邓肯非常受欢迎，她时常来此进行巡演，并与当地的名人交往。但是，在她的那个美好年代，她周围的俄罗斯人都精通各种外语，因此没有出现过交流的问题。

在莫斯科的学校里保存有从笔记本上撕下来的一页纸片，上面有她龙飞凤舞的笔迹：“我最后的爱！”后面是用大大的印刷体拉丁字母写就的俄语译文。

“我愿意亲吻你的脚印！！！”

“我不会忘记你，我将要等待你！你呢？”

他（用诗歌）回答了她，尽管他早就知道，他的心上人只会欣赏他诗歌的音乐性，而不懂得其中的含义。当伊利亚·施耐德最后给她解释这首诗的实质意思时，他那干巴巴的笨拙的翻译彻底扼杀了诗歌绝妙的本性，因此邓肯最终也没有看清诗人对她敞开的心灵，只能无助而盲目地在其边缘徘徊。

不过，他还是为她写了情诗。

即使你这杯美酒已被别人饮过，
但依然留给我，依然留给我
你秀发玻璃般的迷雾
和你美目中秋天般的疲惫。

噢，秋天的年纪！在我眼里
比青春和盛夏更加珍贵。
诗人之心因为如今的你
感到双倍的欢喜。

我的心从不撒谎，
因此我可以理直气壮
回答那高傲的声音：
从此我将不再胡闹。

是时候告别惹是生非
桀骜不驯的一时之勇。

因为我的心畅饮了另一种
提神醒脑的家酿啤酒。

我的小窗被敲响
那是九月挥动殷红的柳枝，
让我做好准备去迎接
它无所要求的到来。

如今的我可以接受很多
无需强迫，无需失去。
我眼里的俄罗斯也改变了模样，
坟墓和农舍也变得不同寻常。

我放肆地举目四望
无论在何方，我只看见你一个，
我的姐妹，我的朋友，
只有你能够成为诗人的伴侣。

而我也只能为你一人
不断地修炼自己，
并吟唱路上的黄昏
和远去的顽劣。

但是，如果叶赛宁和邓肯的两个宇宙无法用语言交流，那又有什么办法呢？必须向邓肯证明，人们也喜爱他、器重他，她遇到的并不是一个普通的无名小辈，而是一个大诗人，他对文学的贡献不仅受到大批崇拜者的重视——邓肯曾多次在“斯托伊洛比加斯”咖啡馆见过叶赛宁的崇拜者，而且受到莫斯科政府的重视。怎么办呢？

那是1923年12月（也可能是11月末）。

加利亚讲到。

谢尔盖·亚历山德罗维奇在“斯托伊洛”对朋友们说，12月10日是他从事诗歌创作十周年。十年前他第一次看见自己写的东西被发表。他甚至亲自起草了提交给人民委员会的呈文。

叶赛宁说，诗人协会和政府都打算举办纪念活动。

加利亚讲到。

我们（纳扎罗娃和亚娜）①对这种想法的态度比较冷静：我很清楚，在我们这里，其实全世界都一样，只给“德高望重者”戴桂冠，那个时候人都老得掉牙了。于是谢尔盖·亚历山德罗维奇就激动地说明自己有权庆贺。

“对，是这样。等你要死了，就可以树碑立传，就可以

①阿尼亚·纳扎罗娃（Аня Назарова）和亚娜·科兹洛夫斯卡娅（Яна Козловская），加利亚的朋友，亚娜留下了关于加利亚的回忆录。

庆贺，就能获得荣誉。可现在我有没有这个权利……我不想等死后再庆贺，那样对我来讲还有什么用？现在就给我庆贺吧，趁我还活着。不需要纪念碑，不需要。让人民委员会给拨一万。这是我写诗应得的。”

我们沉默的态度使他生气，他说了两三天，后来就再也没有提起过自己的纪念日。

叶赛宁总是特别害怕别人不理解他、对他评价过低或者视而不见。当人们问起他的女儿塔尼亚[①]她姓什么时，这个小家伙总是骄傲地回答：“我不是别人，我是叶赛宁娜！”

①塔尼亚（Таня），指塔季扬娜·谢尔盖耶夫娜·叶赛宁娜（Татьяна Сергеевна Есенина，1918—1992），俄国诗人谢尔盖·叶赛宁与季娜伊达·尼古拉耶夫娜·赖赫的婚生女儿，记者、作家。

第六章 第一份礼物

……我记得，在属于他们的第一个春天，有一次，我听到连续而细碎的马蹄声在我们那所独立房子的大门口停止，于是我走到窗前，看见伊莎多拉坐着轻便马车回来了。

伊利亚·施耐德讲到。

邓肯看见我，礼貌地挥了挥手，她手中好像有什么东西亮亮地一闪。她三步并作两步跑上大理石台阶，容光焕发、激动又高兴地站在我面前。

“您看！”她伸出一只手。她手心里有一只硕大的男式手表金光闪闪，“给叶赛宁的！现在他有手表了，他会非常高兴的！”

伊莎多拉用剪刀把自己的一张小照剪成需要的形状，打开厚厚的金表的后盖，把剪过的照片放到里面。

叶赛宁欣喜万分（那时他还没有手表）。不住地打开它查看，然后放回口袋里，然后又拿出来，高兴得像个孩子。

“让我们看看，”他从衣袋里拿出手表，“现在几点了？”说完，心满意足地“啪”的一声合上表盖，然后，咬住嘴唇，把指甲放到后盖下面，稍稍撬开它，开玩笑地轻声细语：“是谁在里面？”

可是，几天之后，我从人民教育委员会回来，走进邓肯房间的瞬间，正好看见这块手表闪着耀眼的金光，“啪”的一声摔成碎片。

邓肯脸色苍白，看上去一下子消瘦了许多，悲伤地看着手表的碎片和从金环中脱落的自己的照片。

叶赛宁怎么也平静不下来，在原地不住地转圈，一边转一边向四处看。这一次我的到来没有起作用。我把他拉到浴室，在洗脸池边放开他，把他的头压下去，打开淋浴头。然后，仔细地帮他擦干头发，把毛巾扔到一边，这时我看见了一张微笑的脸和一双蓝蓝的没有丝毫怒意的眼睛。

“真是太不可思议了……”他用手指梳理着头发说，“太糟糕了……伊莎多拉在哪儿？”

我们一起走进房间去找她。她保持原来的姿势坐着，呆呆地看着滑落到她脚下的白色表盘，旁边不远处是她的照片。叶赛宁一个箭步冲上前去，拾起那张小照并紧紧靠在邓肯身上。她把一只手放在他头上，他的头发还是湿漉漉的。

“用冷水洗的？”她抬起眼睛吃惊地看着我，“他不会着凉吧？”

无论是他，还是她，都想不起来、也说不清楚叶赛宁什么时候开始、为什么发火。

“叶赛宁不是流氓，叶赛宁是伊莎多拉的天使。”——伊莎多拉·邓肯留在“斯托伊洛·比加斯”咖啡馆镜子上的题词。

第七章 镜子上的留言

“你要知道，当你回来的时候，你可以无比自信地走进这所房子，就像你昨天和今天进来时一样。”在一次争吵之后，邓肯这样写给叶赛宁。

先给心爱的人写信，然后再把内容不应该被任何人看见的信文交给翻译，这是多么困难的事情！正因如此，叶赛宁与邓肯之间，一封长信也没有，仅有一些传达爱意的简短留言或电报。

邓肯努力使自己一天天适应叶赛宁，也让他习惯自己。通常她也总是能碰到这样神经质、自私自利、有抑郁倾向的男人。她习惯了戈尔东·克雷格[①]的吵闹——一个只能用最高级来形容的人。激情狂热的亨利·托德[②]，精神抑郁、多次自杀的帕里斯·辛格尔……她善于温柔、圆滑地处事，善于忽略缺点、原谅过失……

除了“达令”“天使”，伊莎多拉没叫过叶赛宁别的，而

① 克雷格·亨利·爱德华·戈尔东·克雷格（Крэг Генри Эдуард Гордон Крэг）或克莱格·亨利·爱德华·戈尔东（Крэйг Генри Эдуард Гордон，1872—1966），英国导演、画家和喜剧理论家。

② 亨利·托德（Генрих Тоде），德国艺术史学家，1894年起任海德堡大学教授。

且，有一次，为了表达自己对叶赛宁的感情，她在“斯托伊洛比加斯”咖啡馆的整张镜子上用口红写下了：“叶赛宁不是流氓，叶赛宁是伊莎多拉的天使。”

伊万·斯塔尔采夫（Иван Старцев）回忆到。

伊利亚·施耐德讲道：

有一天，伊莎多拉突然出乎所有人意料地用俄语印刷体字母在镜子上写道：“我爱叶赛宁。”

而叶赛宁从她手里拿过那支笔，在邓肯的题词下面画了一条线，然后飞快地写道：“而我不爱。”

伊莎多拉难过地转过身去。我拿过叶赛宁的笔，在下面写道：“这一切都会过去的。”

伊莎多拉没有擦去这些题词，它们在镜子上又被保存了很长时间，直到出发去柏林的前夜，叶赛宁才擦去这全部三句话，写下了：“我爱伊莎多拉。”

第八章 婚礼的忙乱

结婚的想法是邓肯本人提出来的，因为她面临着漫长的巡演，她打算带叶赛宁一起去，让他见识一下欧洲并帮助他在国外翻译和出版诗集。如果不正式结婚，他们在德国、英国或法国都可以很好地生活在一起，但是，邓肯计划结束欧洲之行后再带叶赛宁去美国看看。那是一个清教徒式的国家，如果知道他们没有结婚，是无论如何不能安排他们住在一起的。当年，高尔基[1]和安德烈耶娃[2]就在这方面碰过钉子。年轻的苏维埃政府理所当然会担心，如果既为叶赛宁、也为邓肯放行，那么到时候可能两个人都不回来了。可是，热爱自由的舞蹈家最初的计划还要宏大得多：不仅要带上年轻的诗人，还要带上她那些学会了一些东西、能够进行演出的小学生们！邓肯早已习惯于带着一大群孩子巡演。她带着自己以前的女学生走遍了欧洲，还访问过美国。之前当局从

---

①马克西姆·高尔基（Максим Горький），阿列克谢·马克西莫维奇·佩什科夫（Алексей Максимович Пешков，1868—1936）的笔名，人们也常用其真名和笔名的错误搭配阿列克谢·马克西莫维奇·高尔基（Алексей Максимович Горький）称呼他，俄国著名的作家、散文家、剧作家。

②玛利亚·费奥多罗夫娜·安德烈耶娃【Мария Феодоровна Андреева（父姓尤里科夫斯卡娅，即Юрковская；第一次婚姻夫姓热利亚布日斯卡娅，即Желябужская，1868—1953】，俄国演员、社会政治活动家，1904—1921年与高尔基同居。

未阻止过对孩子们的出境申请。所有人都理解：演员，无论年龄大小，都需要实践，必须有新条件下的生活经验、必须深入语言环境。当明白了邓肯不是能够忍受拒绝的人时，苏联政府决定把舞蹈学校的孩子们留在国内，而允许叶赛宁出国。

叶赛宁当年写给卢那察尔斯基[1]、请求发给他出国护照的申请被保留下来。他在申请文书中说，他打算想办法促进自己的作品在柏林出版。4月25日，叶赛宁拿到了编号为5072的出国护照。

作为一位经验丰富的管理者，邓肯筹划好了一切：首先，她把叶赛宁在国外舞台上的初次亮相与自己的巡演绑在一起。这样她可以计算在那里能赚到什么，已经签好的合约给了她这方面的保证。叶赛宁也不应该白去一趟。事先与翻译、出版商和新闻媒体签好了协议：

乌拉！华沙[2]是我们的啦！

1921年11月19日，叶赛宁在莫斯科给马里延戈夫和格里什卡·克洛博夫（Гришка Колобов）写信。

今天，11月19日，利夫希茨的信到了，3000德国马克、十俄磅白糖、四盒罐头和我们的诗译成犹太语后的版样，包

---

①阿纳托利·瓦西里耶维奇·卢那察尔斯基（Анатолий Васильевич Луначарский，1875—1933），俄国作家、社会政治活动家、翻译家、政论家、批评家、艺术学家、人民教育委员、苏联科学院院士。

②确切地说，这里指的是叶赛宁收到了来自华沙的出版商或者叶赛宁和马里延戈夫诗歌的依地语翻译的信。

括《一个流氓的自白》和《失望》(*Разочарование*)。美国建议我们通过里加，在维也纳复活节前出版德语集子，以韦尔弗(Верфель)为代表的柏林向我们的天才表示敬意。

怎么样，恶棍们？！怎么样，坏蛋们？！

这一切之后，我要给自己养两只公狗，到时候我和所有人打招呼都只用我这两位好朋友的尾巴和爪子。

为了完成这些巡演，邓肯打算卖掉在德国和法国的不动产。做出这样的牺牲并不奇怪——她下定决心至少让欧洲拜倒在自己意中人的脚下。可是，首先得保障他的资金，以维持养家人不在时其家人——妹妹和父母的正常生活。

以下内容选自叶赛宁写给妹妹卡佳[①]的信(1922年4月25日，莫斯科)。

卡佳！我留给你两个信封：里面装着钱。两千万给你，一千万给父亲[②]。(俄罗斯通货膨胀严重。父母急需钱用，康斯坦丁诺沃的房子烧毁了。)

让他回家，随意处理这笔钱，我只能为他做这么多了。

出发前我还会给你留一些钱。

下面还有一笔值得注意的汇款，但这个已经不是给亲人的了：

---

①卡佳(Катя)，指叶卡捷琳娜·亚历山德罗夫娜·叶赛宁娜(Екатерина Александровна Есенина，1905—1977)。

②父亲是亚历山大·尼基季奇·叶赛宁(Александр НикитичЕсенин，1873—1931)。

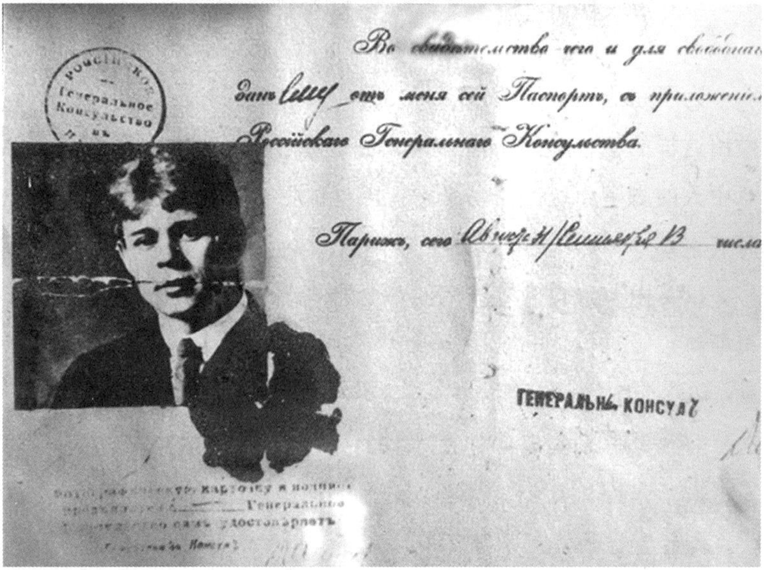

叶赛宁去美国用的护照，1922年9月13日。

亲爱的朋友！尽我所能，帮你办好了钱的事，还有《金刚鹦鹉》(*Ара*)杂志寄来的包裹。近几天之内，我还会给你寄出五百万。

叶赛宁写信告诉尼古拉·克柳耶夫[①]。

过两周左右，我要去柏林，六月或七月回来，也可能会晚一些。在那里我尽量把《西徐亚人》(*Скифы*)的稿费也寄给你。我负责和他们谈条件，如果我从他们那里拿回你的书，你别生气，因为我会把它安置到比他们付酬更高的地方。

……我太累了，而且最近狂喝滥饮的毛病也使我心绪特别烦躁，以至于我都不敢给你写信，生怕毫无缘由地伤到你。

紧急寄出这笔救急款是因为叶赛宁收到了下面这封信：

我的兄弟，我要死了，毫无意义、极其难看地死去。

同一封信中：

……现在我是一个一贫如洗、衣衫褴褛、经常吃不饱饭

① 尼古拉·阿列克谢耶维奇·克柳耶夫(Николай Алексеевич Клюев，1884—1937)，俄国诗人、散文家、新农民派诗人的领袖。

而浑身无力的半老头子。普通公民的粮食定量被取消了，没有任何生存物资。我整月整月地只靠麦秸过着半饥半饱的日子，就着开水把它喝下去。无数个夜晚，我一个人孤独地哭泣，请求上帝让我体面而安静地死去。

我不知道怎样度过这个冬天。在彼得堡有人告诉过我，说我有权得到学校的定量，但是我又不知道怎么弄到它。在这个偏远的县城，所有的执行委员和政治教育委员根本不了解作为作家的我，他们脑子里只有一个最悲惨、最野蛮、被家酿烧酒弄得全身浮肿的家伙。

第九章 婚姻

物质方面的事情我们是不是谈得太多了呢？尽管我们的读者中未必有人会对下面的现象感到奇怪：在计划长期出国旅行之前，人们总是忙得团团转，几乎踏破各种办公室的门槛，力图在出发前的最后时刻办好自己的事情。

我们还是把财会该做的事情放在一边，以便直接讲述我们主人公的婚姻。

> 叶赛宁对伊莎多拉的感情，起初只是对她强烈的爱情模糊而忐忑的回应，而如今，它似乎与伊莎多拉对他的爱一样，狂热而强烈地燃烧着。

伊利亚·施耐德接着说。

> 一个阳光明媚的早晨[①]，我们三个人早早就出发去哈莫夫尼基苏维埃的户籍登记处办理结婚登记，登记处就在我们旁

①叶赛宁和邓肯登记结婚的日期是1922年5月2日。

边的一个十分干净的胡同里。

伊利亚·施耐德写到。

登记处的房子是灰色的，而且规规矩矩的，一看就是办公之地。当问到他们准备选取哪个姓氏时，二人异口同声地表示要选择复姓“邓肯-叶赛宁”。

结婚证和他们的护照上登记的都是“邓肯-叶赛宁”。邓肯手头甚至没有美国护照，她来俄罗斯苏维埃时带的是被称为“一纸空文”的所谓的法国护照。在这个小本本的最后一页上，贴着伊莎多拉的一张小照，小照上的她异常美丽，一双生动传神的大眼睛水汪汪的，熠熠闪光，充满热情。1940年，我把这个小本本和叶赛宁的信一起转赠给了文学博物馆。

“现在我是邓肯了！”当我们离开登记处来到大街上时，叶赛宁大声喊到。

前一天夜里，邓肯拿着所谓的“法国护照”来到我身边，面带羞色。

“您能不能在这儿稍稍改动一下？”她更加不好意思地请求我。

我没明白她的意思。于是，她用手指点了一下她的出生日期。我笑了：眼前的邓肯是那么漂亮、匀称、苗条、年轻，比我几年前在格尔采尔（Гельцер）家初次见到的那个伊莎多拉·邓肯美丽得多。

但现在，她却羞涩地站在我面前，用一根手指盖住黑墨水写的她的出生年份。

“嗯，墨水我倒是有。”我装作没有发现她的窘迫，说：“不过，我觉得您好像用不着这个。”

“这样做是为了叶赛宁。”她答道，“我和他都感觉不到我们之间有15岁[①]的差距，但是这里写着呢……明天我们就要把护照交给别人了……他可能会觉得不舒服吧……这本护照我很快就不用了，我会拿到另外一本护照。”

我改了那个数字。

苏联的各个行政部门很快就办好了护照，而邓肯和叶赛宁意欲前往的那些国家的使馆，却迟迟没有给他们办好签证。

事实上，签证的办理也没有耽搁很久。1922年5月10日，叶赛宁和邓肯就已经离开莫斯科，飞往哥尼斯堡了。对于我们这些21世纪的人来说，签证只需等一个星期，已经算是十分幸运的了。可对于耐心不足的邓肯来讲，缓慢的签证期难挨得要命，因为她已经习惯于出门旅行之前必须一切准备就绪、到位，而且随时随地有剧院、剧院老板和观众恭候了。顺便说一下，是我无谓地打断了伊利亚·施耐德的叙述。

……从莫斯科机场起飞，定的是早班飞机。

叶赛宁是第一次坐飞机，显然心情激动。邓肯预先准备了一篮子柠檬：

①叶赛宁和邓肯实际的年龄差距为17岁。——译者注

“他可能会晕机，如果他吸柠檬汁的话，就什么事也不会有了。”

那时候，飞机上都给乘客发特制的帆布服。叶赛宁脸色惨白，战战兢兢地套上了大袋子似的衣服，邓肯却没有穿。

登机之前，我们坐在机场草坪上等待出发，邓肯忽然想起她没写遗嘱。我从军用背包里掏出一个小小的蓝色记事本。邓肯在窄窄的两页上迅速写下了简短的遗嘱：如果她死了，她的遗产继承人将是她的丈夫——叶赛宁-邓肯。

她把写有遗嘱的那张纸拿给我看。

“可你们坐的是同一班飞机，如果失事的话，两个人都会死的。”

“我真没想到这一点。”伊莎多拉笑了，然后迅速加上一句话，“如果他死了，我的遗产继承人将是我的弟弟阿福古斯丁·邓肯（Августин Дукан）。”她在此页下方龙飞凤舞地签上自己的姓名，伊尔玛·邓肯和我也作为证人签了名。

终于，邓肯-叶赛宁夫妇坐上了飞机，飞机开始在跑道上滑行，发动机的响声震耳欲聋。突然，窗户（那里是些大窗户）里出现了叶赛宁苍白、惊恐的脸，他在用拳头敲打窗玻璃。原来，是那篮子柠檬落下了。我赶紧奔向汽车，可司机已经迎面跑来了。我抓起篮子，追着飞机就跑，跑道不平，我一瘸一拐地跑得很慢，但我还是追上了飞机，跑到机翼下方，把篮子从叶赛宁放下来的窗户边递了进去。

轻盈的飞机快速滑出机场跑道，离开地面，在耀眼的蓝天中，很快就变成了一个黑色的影子。

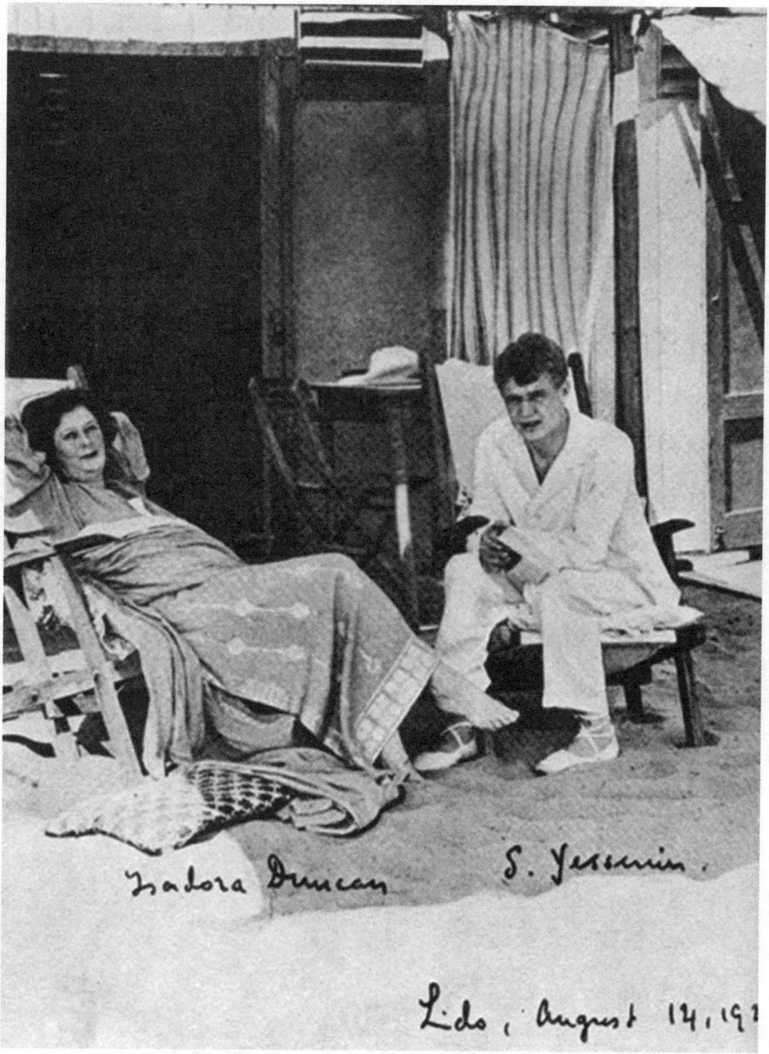

谢尔盖·叶赛宁和伊莎多拉·邓肯，威尼斯，利多岛，1922年8月14日。

第十章 在路上

邓肯有多习惯旅行呢？带着一箱子书，其中一部分是哲学方面的，一部分是诗歌。如果看书累了，总是能够找到人聊天，她是一位聪明、善于交际的舞蹈家，无论什么人——从著名拳手到哲学家，再到宗教人士或者普通店员，她都能找到共同语言。而作为一位出色的听众和十分博学的人，她在说英语、德语和法语的任何地方都如鱼得水。可是，叶赛宁呢？

在速度不快的苏联火车上，他通常和诗人朋友结伴喝酒，看窗外，唱歌，长时间地探讨人生和书籍出版的困境。就像下面信中所写的那样，这封信（1921年4—5月）是叶赛宁写给马里延戈夫的：

亲爱的托利亚[1]！问你好，吻你。现在我正坐在车厢里，已经整整两天多的时间看着窗外可恶的萨马拉了，我无论如何都搞不明白，我是真的在亲身体验这一切，还是在读《死魂灵》（*Мертвые души*）和《钦差大臣》。格里什卡喝醉了，

①托利亚（Толя），马里延戈夫的小名。——译者注

正在试图使我相信是他写了《尤里·米洛斯拉夫斯基》(*Юрий Милославский*)，还说所有的政界巨头都是他的朋友，他那里总是不断地有信使、信使、信使。廖瓦【(Лёва)，格里什卡·克洛博夫的助手】愁眉苦脸地坐着，差不多一天问我五次想不想喝小俄罗斯红菜汤。现在我想起你说到鲱鱼时的那张苦瓜脸。如果你要想象出我的样子，那你就吃一小块鲱鱼，然后照照镜子看看自己。

当然，我在路上还可以，也不是没有好心情，甚至还很高兴可以无视这可恶的莫斯科。我如今在认真反省自己。最近发生的事让我大为震惊。以后我肯定不会再这样喝酒了，而今天，为了看看格里什卡喝醉的样子，我甚至完全没喝。我的天啊，这简直太难堪了，我以前可能比这还不像话呢。

不知为何，今年这里的气候比我们那里冷，有些地方甚至现在还有雪！所以暂时我还穿得很多，睡觉时也盖着裘皮大衣。这里的食物自然很多，多到我总是不由自主地问廖瓦：

“那你呢，廖瓦，现在想吃香肠吗？”

我们就这样走了一天、两天、三天、四天、五天、六天，走着走着，回头看窗外：可恶的萨马拉像是一个被施了魔法的地方。

……今天，出于无聊，也是出于高兴，我下车来到站台，走到墙报前面，看萨马拉的文学界怎样责骂意象派诗人。我甚至没有想到，我们在这里会如此时髦。由于意外，我手里甚至长出了一根棍子，但是，我的朋友，这是因为你应该被打脸。

第十一章 众说纷纭的形象

> 他的脸上带着若有所思的表情，眼睛略微有点浮肿，总是给人一种好像他工作了一整夜的印象。

伊万诺夫·弗谢沃洛德这样粗线条地描绘叶赛宁的形象。

> 可能确实是这样的。他被激情驱使着，一整夜从一个熟人家到另一个熟人家，读诗、喝酒，喝够之后于黎明时分回家，与此同时，不管如何奇怪，一直保持意识清醒。我多次亲眼看见他用工整的字迹把自己的诗歌记在桌边上，就像毫不费力地在回忆很久以前就已经知道的东西。写完一首诗，他有时会连读两三遍，似乎自己都感到惊讶。
>
> 关于叶赛宁，人们写得很多，谈论得也很多——似乎他是在醉酒中创作，似乎诗句自己从他笔下流出，不用修改、不用动手和动脑……

伊利亚·施耐德打断伊万诺夫。

这是不对的，叶赛宁从未在不清醒的情况下写过任何一首诗。

他为写诗付出了很多辛劳，但这并不意味着他写每行诗都花很长时间、不停地涂涂改改。这样的情况也有，但是更多的情况是，一首诗他酝酿很长时间，确切地说，他酝酿的不是诗，而是思想本身。在头脑中诗歌几乎就已经是完备的了。可能因此，后来诗句才如此轻松地落到纸上。

就这件事情，我不记得他说过的原话了，但其大意是这样的:“人们说我写诗不用修改……其实也经常修改，只是我不用笔写诗，笔只是过后进行加工而已……”

因此，这里也存在意见分歧。我觉得，各种情况都存在。遗憾的是，邓肯最终也没有完成自己的回忆录，没有能够讲出她心目中的叶赛宁。所以，我们不得不通过一些碎片、微小的回忆片段、色彩杂乱的马赛克玻璃……来建立他的形象。

关于叶赛宁和邓肯的外表，确切地说，是关于他们外形的变化、成长和气质风度的变化，马克西姆·高尔基讲得非常生动。这位大作家的回忆录对我们来讲之所以弥足珍贵，还因为他没有局限于描绘普通的日常生活，而是赋予作品以鲜明的感情色彩，对他所不能忍受的邓肯的描写尤其如此。他同时也认为，邓肯配不上叶赛宁这样的天才:“邓肯是他所不需要的一切事物的完美化身。”这对我们很重要，因为在俄罗斯，有很多人对这两个人有着相同的评价，这不能不使(主要是)叶赛宁产生压力，因为他与邓肯不同，他明白每一句话的意思，却不能为自己心爱的女人叫屈。但是，我们还是来听一听马克西姆·高尔基本人是怎么说的吧：

我第一次见到叶赛宁是1914年[1]在彼得堡，在一个地方碰见他和克柳耶夫一起。他给我的感觉像是一个15～17岁的小男孩。一头金色的鬈发，穿一件天蓝色的衬衫、一件紧腰细褶的长外衣和一双带金属片的靴子，特别像萨莫基什–苏多夫斯卡娅（Самокиш–судовская）那些甜腻的明信片上刻画的那些有着同样一张面孔的贵族孩子。那时是夏天，一个闷热的夜晚，我们仨先是在巴谢伊纳亚大街上散步，后来走上了谢苗诺夫桥，在桥上站了一会儿，看着桥下黑色的水面。不记得我们谈了什么，好像是战争：那时战争[2]已经开始了。叶赛宁使我产生一种模糊的感觉，好像他是一个自觉在庞大的彼得堡城里没有自己位置的、谦逊的、有点不知所措的少年。

如此单纯的少年都来自寂静的城市：卡卢加、奥廖尔、梁赞、辛比尔斯克、塔姆波瓦。在那里，你看见的这些男孩或是商铺里的伙计，或是细木工的助手，或是酒馆合唱班的舞者或歌手，状况最好的是不太富有的商人或尊崇“古老的虔诚”之人的孩子。

后来，当我读到他那潇洒、鲜明、极其真诚的诗歌时，真不能相信这是那个故意穿得像画上一样的男孩子写的，不

①叶赛宁20岁。

②指第一次世界大战。——译者注

能相信我曾和他一起深夜站在谢苗诺夫桥上，看他向花岗岩栏杆围绕的河里黑天鹅绒一样的水面上吐口水。

而阿列克谢·托尔斯泰[①]的夫人纳塔利娅·克兰季耶夫斯卡娅（Наталья Крандиевская）则是这样描述1917年与叶赛宁见面的情景的：

“咱们的厨房[②]里有客人。”托尔斯泰走进我房间说，“克柳耶夫带叶赛宁来了。出来认识一下，他可是个大忙人。”

我走出房间，来到厨房，诗人们正在喝茶。克柳耶夫穿着紧腰细褶的长外衣，梳着分头，长着女人一样瘦弱的肩膀，面部圆润而和善，看上去像个教会村长。我递给他一杯茶，他接过去，说现在是大斋节，推开了火腿和黄油。他喝茶是“神父式的”，在茶里面加碎苹果。喝完之后，把杯子倒扣过来，按照萨里扬（Сарьян）画里面的样子划了一个十字，然后开始唱歌一般地朗诵非常优美的诗歌。但是，时常有一些过分民间化的词语使人紧张。而且他那留着磨得光光的长指甲的小拇指也让我感到困惑。

第二位客人像个少年，不时轻轻地咳嗽一声。他穿着天蓝色偏领男衬衫，长得很招人喜欢，亚麻色的头发在额头上做成蝴蝶花形。第一眼看去就是一个工厂里的小青年、小工匠。这就是叶赛宁。

---

①阿列克谢·尼古拉耶维奇·托尔斯泰（Алексей Николаевич Толстой，1882—1945），出自于托尔斯泰家族的俄国作家和社会活动家、伯爵，写过很多社会心理、历史和科幻小说（长篇、中篇、短篇）及政论作品。

②俄罗斯人习惯于在厨房接待客人。——译者注

桌子上摆着柳枝。叶赛宁从花瓶里拿出一根暗红色的细柳枝。

“像一群小老鼠站在细杆上。”他突然开口说到，说完自己笑了。

我喜欢上了他说这话时的样子和他调皮的眼睛里闪出的幽默之光，突然喜欢上了他身上的一切。我忽然明白，在他看似简单的外表下，闪耀着某种异乎寻常的东西。

他转动着手中的细柳枝，朗诵了第一首、第二首，还有第三首诗。那天晚上他朗诵了很多。我们听得激动万分，我也不知道怎么回事，反正在告别时，我带着澎湃的感激之情亲吻了他，直接吻在了那朵亚麻色的蝴蝶花上，那朵蝴蝶花突然变得与他外表的一切一样亲切。

在玄关里最后一次握手时，叶赛宁像个孩子一样摇晃着我的手说：

“我还要到您家里来，好吗？”

“来吧。”我回答说。

如您所见，描述是相同的，但是，高尔基眼中明信片般的甜腻之处在纳塔利娅·克兰季耶夫斯卡娅看来是温柔、与众不同和幽默感。

淡褐色头发有点卷曲，蓝眼睛，神气的鼻子。他应该穿上缀有红色补丁的亚麻布衫、扎上镶有铜扣的腰带，在悼亡

谢尔盖·叶赛宁和尼古拉·克柳耶夫，彼得格勒，1915—1916年。

节[①]时与姑娘们在小白桦林里翩翩起舞……叶赛宁善于歌唱的才能是与生俱来的，这种古老的才能是诞生于寂静而缥缈的河岸之上、绿色丛林的喧闹之中和草原广阔无垠的草地之中的，这种才能是属于斯拉夫的灵魂的，而斯拉夫的灵魂是充满幻想的、无忧无虑的，总是被大自然的声音莫名打动……

阿列克谢·托尔斯泰的这些文字又为对诗人的描写增添了美妙的一笔。

1920年。秋。“对意象派的审判”。音乐学院的大厅。天很冷，没有暖气。

加利亚讲述着自己与诗人的第一次见面。顺便说一下，这次见面与叶赛宁和邓肯的见面一样，同样注定是不祥的。

大厅里都是年轻人，非常热闹，大家哈哈笑着、吵着闹着、因为座位而相互叫骂（座位上没有编号，谁坐哪个算哪个）。我们有一大帮人，我们来参加是因为布留索夫[②]是主席。而我和亚娜还想听听舍尔舍涅维奇[③]的声音，我们那时特

①悼亡节，俄罗斯复活节后第四个星期四举行的民间祭祀亡者、开始春耕的节日。——译者注

②瓦列里·雅科夫列维奇·布留索夫（Валерий Яковлевич Брюсов，1873—1924），俄国诗人、小说家、剧作家、翻译家、文学评论家，19世纪末、20世纪初象征主义诗歌的领袖和杰出代表。

③瓦季姆·加布里埃耶维奇·舍尔舍涅维奇（Вадим Габриэлевич Шершеневич，1893—1942），俄国诗人、翻译家、意象派的创始人和主要理论家之一。

别喜欢他的声音。大家坐在了第一排。但是，我来晚了，所以给我占的座位被别人抢走了，于是我找来一把椅子，大胆地把它放在左前方，在第一排座椅的前面。

终于有人走上舞台。受审的有五个人，集体坐在左边。有舍尔舍涅维奇、马里延戈夫和其他人。

我几乎一坐下就感觉到有人用好奇的、带点顽皮的眼神看着我。这个人可真不要脸，要是舍尔舍涅维奇这样看我就好了——人家仅凭那副嗓子就有资格这样。可这个小男孩，不过是个小诗人。我气哼哼地半侧身坐下，对亚娜说："这个人可真不要脸！"

审判开始，各个团体都有人发言：新古典主义者、阿克梅派、象征主义者——他们的人多得不计其数。受审者交头接耳，嘴里嚼着什么，哈哈笑着。（我对着亚娜的耳朵说，他们嚼的是可卡因。那时我还不知道，可卡因是闻的还是嚼的。）他们这伙人有舍尔舍涅维奇、马里延戈夫、格鲁济诺夫[1]、叶赛宁和他们的"辩护人"费多尔·日茨[2]。该受审者发言了。都有谁说了什么，我不记得了，甚至有点乏味。突然，那个看我的男孩走了上来：敞怀的短款鹿皮夹克，手插在裤子口袋里，完全是金黄色的头发，像是新长出来的。他稍稍向后昂起头、挺直身体，开始了朗诵。

①伊万·瓦西里耶维奇·格鲁济诺夫（Иван Васильевич Грузинов，1893—1942），俄国诗人、批评家、意象派小组成员，叶赛宁的朋友之一。

②费多尔·阿罗诺维奇（阿尔纳尔多维奇）·日茨【Жиц Федор Аронович（Арнольдович），1892—1952】，俄国批评家、作家。

“风啊，吐出大堆的树叶吧，
我和你一样，是个流氓。”

他整个人就是一种强烈的情绪，顽皮、难以掌握、无法遏制的情绪，不仅在于诗歌，还在于他表现诗歌变化的每一个动作。他讲述的东西像风一样灵动、猛烈，不，风算什么，风也比叶赛宁少一点勇敢。哪里是他，哪里是他的诗歌，哪里是他豪放的勇敢——根本分不清楚。所有这一切融合成一股无法遏制的急流，紧紧抓住你的心的似乎不是诗歌，而是这种迅猛的自然性。

这似乎是雨滴尚未落地时突然刮起的一阵暴风，风来得如此迅猛，雨滴甚至不能、也来不及落下。

这似乎是飘零的黄色秋叶，风急不可耐地用手揉搓着它们，使它们无法停止地在旋涡中打转。

这似乎是风在逗弄燃烧的火焰，时而揉搓，时而把它们撕成碎片并无情地揉搓着这些碎片。

这似乎是暴风雨来临之前的黑麦，在旋风的裹挟之下它们已经不向大地弯腰，而是好像马上就要被连根拔起，不知要飞向哪里。

不。这是叶赛宁在朗读《风啊，吐出大堆的树叶吧……》(*Плюйся, ветер, охапками листьев...*)。但这不是无情摧毁树木、房屋和所到之处一切东西的飓风。不。这恰恰是那股顽皮的、难以掌握的风，这是非但不可怕而且还深深吸引人心的情绪。而听他朗读的人，也不自觉地产生一种情绪，不由自主地想和他一起、像他那样勇敢地一次又一次地说："我和你一样，是个流氓。"

年轻人穿着得体，举止优雅。

莫里斯·门德尔松[①]这样谈到他对新结识者的印象。

他那接近于金色的浅褐色头发，他那张被眼睛的蓝光照亮的脸——一切都似曾相识。当然，这是叶赛宁，他的脸上没有一丝笑容，但是，不知为何，我却觉得能看到另一种东西——活泼的调皮。

他不时微微一笑。

A.K.沃隆斯基这样讲述他与叶赛宁相识时的第一印象。

他的笑容很柔和，若隐若现、捉摸不定、漫不经心，"月光一般朦胧"。

与叶赛宁见面，印象最深刻的是他朗诵诗歌。

①莫里斯·奥西波维奇·门德尔松（Морис Осипович Мендельсон，1887—1941），俄国文学家、语文学博士（1957）、教授（1959），1922—1931年居住于美国，1922年加入美国共产党，1931年回到苏联。

И.В.叶夫多基莫夫[①]写到。

> 他那时谁也不看，眼睛盯着旁边的某个地方，头垂向胸前，头发像不听话的泥鳅一样动来动去，嘴唇像孩子那样任性地叭叭响。第一行诗的声音刚刚响起来，就好像是一个没有调得太好的乐器开始演奏，声音一点点变大，刚开始的嘶哑慢慢消失，诗句一节一节地融合在一起，热烈、沉醉、充满激情……我听过我们最优秀的演员朗诵叶赛宁的诗歌，但是，毫无疑问，没有一个人能够传达出哪怕是近似于诗人自己朗诵时的那种内在的和音乐的力量。任何人都不能从他的诗中找到恰当的语调，任何人都体会不到叶赛宁在朗诵自己作品时所创造的那种隐秘的、无法传达的音乐。他是个令人惊叹的朗诵者。当他朗诵的时候，你马上就会明白，对他本人而言，朗诵是他内心极为重要的一件事。
>
> 叶赛宁忘记了在场的人，似乎房间里只剩下他一个人和他那响亮的诗歌，他既热烈又痛苦地大声向人诉说着自己的经历，威胁、劝说、争吵……他走来走去，做着各种手势，不时把帽子推向额头，脸上冒出了细密的汗珠，嘴唇非常非常快地颤抖着……

①И.В.叶夫多基莫夫（И. В. Евдокимов，1887—1941），俄国作家、艺术学家。

谢尔盖·叶赛宁、阿纳托利·马里延戈夫、亚历山大·库西科夫[1]、瓦季姆·舍尔舍涅维奇，莫斯科，1919年。

① 亚历山大·鲍里索维奇·库西科夫（Александр Борисович Кусиков，1896—1977），俄国意象派诗人。

第十二章 柏林的会面

纳塔利娅·克兰季耶夫斯卡娅第二次见到叶赛宁已经是在柏林了，这时变得成熟了的诗人与自己的夫人一起出现在她面前。

> 叶赛宁身穿晚礼服上衣，后脑勺上扣着高筒帽，衣襟上别着一朵菊花。这看似完美无缺的三样东西集中在他身上，有一种化装舞会的感觉。高大而华丽的伊莎多拉·邓肯脸上还带着演出时的妆，走在他身边，锦缎的衣裙下摆在路上摇曳。
>
> 风吹起她紫红色的头发。人们纷纷向两边闪开。

请注意，纳塔利娅·克兰季耶夫斯卡娅说，叶赛宁的外表看上去像参加化装舞会，至于邓肯，她这样描绘她："高大而华丽……脸上还带着演出时的妆"。别见怪，纳塔利娅·克兰季耶夫斯卡娅不是在平常散步时遇见邓肯-叶赛宁夫妇的。极负盛名的妻子尽最大努力让公众了解自己的丈夫。叶赛宁的诗歌暂时没有德语或其他任何一种语言的译本，因此，他的知名度仅限于移民圈。所以，她的直接任务就是尽可能地让人们记住他、谈论他，不让叶赛宁觉得自己仅仅是名人妻子的附属物，男人不能容忍这种落差，这就是她不在郊外某处散步、不坐在人工湖岸上舒适的咖啡馆里休闲或者徜徉于各个博物馆，而不得不像现在人们所说的，出卖自己面孔的原因。也正因此，她才穿着不便于也不适合在城中散步的曳地锦缎长衣。您能想象得出，如果邓肯的长衣下摆真的像克兰季耶夫斯卡娅描述的那样拖在身后，那么，散步归来它将是什么样子吗？

如果邓肯是一个人，如果她不需要吸引人们的注意力，保罗·波烈[①]的精美衣裙完全可以满足她的要求——既贵重，又好看。

但是，让我们继续看……

"叶赛宁！"我喊了一声。

他没有马上认出我来。知道是我之后，他跑过来抓住我的手喊道：

"哎呀天啊……是您啊！西朵拉[②]，快看这是谁……"

"是谁啊?"伊莎多拉问到。她淡紫色的眼睛几乎没有看我，却停在了我手里领着的尼基塔[③]身上。

她久久地、好像带着恐惧似的死死盯着我五岁的儿子，由于使用阿托品药水而逐渐扩张的眼睛睁得越来越大，里面含满泪水。

"西朵拉！"叶赛宁拉了她一下，"西朵拉，你怎么了？"

"噢！"她眼睛一直没有离开尼基塔，终于呻吟起来，

---

①保罗·波烈（Поль Паурe，1879—1944），巴黎的高级时装设计师，世界上最有影响的时装设计师之一。

②西朵拉（Сидора），叶赛宁对伊莎多拉的爱称。——译者注

③尼基塔·阿列克谢耶维奇·托尔斯泰（Никита Алексеевич Толстой，1917—1994），苏联物理学家、社会政治活动家，俄国著名作家A.H.托尔斯泰的长子，物理数学博士、教授。

“噢，噢……”然后，她在他面前跪下来，就在人行道上。

此时此刻，邓肯不是在表演死去的孩子们的幽灵日夜缠绕着她，使她不得安宁，即使有他——丈夫和情人叶赛宁，即使天才叶赛宁特别像她亲爱的帕特里克[①]，即使有时他可以变成她的帕特里克。

尼基塔吓坏了，像个小狼崽一样看着她。可我什么都明白了。我努力扶她起来，叶赛宁帮我一起扶她，周围聚集了一些好奇的人。伊莎多拉站起来，把我从叶赛宁身边推开，用围巾蒙住脑袋，头也不回、旁若无人地在街上走起来，活脱脱像索福克勒斯[②]悲剧中的人物。叶赛宁跟在她身后跑着，头上戴着那顶讨厌的高筒帽，惊慌失措。

“西朵拉。”他喊道，“等一等！西朵拉，怎么啦？”

尼基塔把头埋在我的膝头，痛苦地哭着。

我知道伊莎多拉·邓肯的悲惨遭遇，她的两个孩子，一个男孩和一个女孩，多年以前在巴黎的一场车祸中丧生。

一个雨天，他们和女家庭教师一起坐车经过塞纳河，司机在桥上刹车，可桥上的木板路太滑，车仍然前行，翻过桥栏杆落进河里，没有一人获救。

男孩是伊莎多拉的宠儿。英国Pears’a牌香皂那则著名的广告上，他的头像举世闻名。皮肤白皙、全身赤裸的小婴儿

①帕特里克·邓肯（Патрик Дункан，1910—1913），伊莎多拉·邓肯与富商帕里斯·辛格尔的儿子。

②索福克勒斯（Софокл，约前496—前406），雅典三大悲剧作家之一。——译者注

微笑着，全身都是香皂的泡沫。据说，他长得很像尼基塔，但是究竟像到什么程度，只有邓肯一个人知道。而她，可怜的人，听说了这个。

……六七年后，我在柏林的阿·尼·托尔斯泰家又见到了叶赛宁。

高尔基继续讲到。

当年那个一头鬈发、玩具娃娃一样的小男孩身上只剩下了那双特别明亮的眼睛，而且这双眼睛好像也被过于耀眼的阳光晒得褪了色。不安的眼神滑过每个人的脸，眼里的表情经常变化，时而挑衅和不屑，时而又变得不自信、羞涩和怀疑。我觉得，总体上他对人们怀有不友好的情绪。而且，看得出来，他是个爱喝酒的人。眼皮浮肿，眼白发炎，脸上和脖子上的皮肤是灰暗的，苍白得像很少在户外活动而且睡眠不好的人。他的两手总是在动，手腕到指尖疲软无力，像鼓手的手一样。他整个人都惴惴不安、心不在焉，就好像一个忘记了某一重要事情、却又记不清自己到底忘记了什么的人。

陪在他身边的是伊莎多拉·邓肯和库西科夫。

"也是诗人。"叶赛宁这样介绍他，声音很小，很沙哑。

库西科夫是个十分随意的年轻人，他在叶赛宁身边显得很多余。他背着理发师们喜欢的乐器吉他，但是，看上去似乎不会弹。这次见面之前的几年，我见过舞台上的邓肯，那时她被书写成奇迹，而有一个记者说："她天才的身体会用荣誉的火焰把我们烧成灰烬。"

可我不喜欢、也不理解脱离理智的舞蹈，我不喜欢这个女人在舞台上跑来跑去的样子。我记得，当我觉得半裸的她是因为冷得要命，为了取暖、为了摆脱寒冷而跑来跑去时，我甚至有点难过。

她在托尔斯泰家也跳了舞，事先吃了点东西、喝了点伏特加。舞蹈表现的似乎是邓肯年龄的负担与其被荣誉和爱恋惯坏的身体的暴力之间的斗争。这些话里面并没有隐含着任何侮辱女性的意思，它们只是说明年老的可恶。

这怎么能说没有任何侮辱的意思？真的不能同意作者作为男人的观点，高尔基写这篇文章时是1926年，那时叶赛宁已经不在人世了，而邓肯却完全有可能，确切地说是肯定会得到回忆录的译文。包括这个搞笑的辩解，说什么没有任何侮辱的意思。她必须要承受这一打击，来自她尊为戏剧家和作家的那个人的打击。新闻媒体时常把这个人的名字和她联系在一起：

比如，下面是莫斯科报纸《俄罗斯专页》（*Русский листок*）上1905年2月7日的一则报道：

昨天，音乐学院的大厅里发生了一件大事：观众聚集起来看从马克西姆……马克西姆·高尔基那里来的女士——"光脚女人"伊莎多拉·邓肯的表演，她用脚尖演绎序曲、夜曲、玛祖卡舞和肖邦的波罗涅兹舞！

以“裸露大腿”为理想的潮流趋势的新型“赤足”，“裸露大腿”宣扬的是一种新的舞蹈，表现的是严肃音乐——肖邦、贝多芬（Бетховен）、巴赫（Бах）。

歌颂赤足者的人在描绘被迫的“赤足”时，根本想不到会出现美国女人邓肯式的“自愿的赤足”，而在邓肯那里，认识和阐释古典音乐的手段，除了灵魂……还有赤裸的双足。

一个赤足在地毯上跳贝多芬的奏鸣曲或交响乐、巴赫的赋格曲和肖邦的夜曲的女人——确实是咄咄怪事，惊世骇俗的咄咄怪事。

她苍老、臃肿，长着一张难看的红脸，身上裹着砖红色的裙子，在狭小的房间里旋转、扭曲，把一束凌乱、枯萎的花朵紧紧抱在胸前，没有任何意义的微笑凝固在那张胖脸上。

高尔基继续写到。

这是一个著名的、被千万名欧洲唯美主义者、精明的造型美鉴赏者颂扬的女人，站在小小少年一般的、了不起的梁赞诗人旁边，正是他所不需要的一切事物的完美化身。我这样说没有任何成见、没有任何的凭空想象，没有。我说的是那个沉重的日子里的感受，那天，我一边看着这个女人，一边想：她怎么能够体会到诗人下面这些感叹的意义呢？

如果能够对着草堆微笑，

用月亮的嘴巴咀嚼干草该多好！
他这些痛苦的微笑对她来讲意味着什么：
我戴高筒帽不是为了那些女人——
心脏因为愚蠢的激情而无力生活——
用金色的燕麦去喂母马，
它才会好受些，才会减轻烦恼。

叶赛宁与邓肯说话用手势、用膝盖或手肘碰。当她跳舞的时候，他坐在桌边喝红酒，不时用眼角瞟她一眼，眉头紧皱。也许，正是在这样的时刻，他心中的怜悯之情才凝结成了诗句：

人们喜爱你，玷污你……

可以想象得到，他看着自己的女友就像看着一个可怕的东西，虽已习惯、已不足为奇，但仍然让人感到压力。他甩了几次头，就好像一个秃顶的人脑壳上的皮肤被一只苍蝇爬来爬去时一样。

后来，疲惫不堪的邓肯跪倒在地，脸上带着无精打采、模糊不清的微笑，看着诗人。叶赛宁把一只手放在她的肩头，但是，很快转过身去。这时，我又产生了一种感觉：或许正是在这一时刻，他心中才迸出了残酷、悲戚的绝望诗句：

你的眼睛为何如此闪烁蓝色的火花？
难道你想打我一个耳光？

“我发现了舞蹈艺术——几千年前消失了的艺术。”——伊莎多拉·邓肯

……亲爱的，我在哭泣，

对不起……对不起……

人们请求叶赛宁朗诵诗歌，他高兴地同意了，站起身来朗读赫洛普莎的独白。刚开始，流放犯悲惨的呼喊似乎是戏剧性的。

失去埋智的、狂暴血腥的混蛋！

你算什么？死亡？

但是，很快我就觉得，叶赛宁读得非常感人，听他读诗难过得想落泪。我不能说他的朗诵是纯熟的、精巧的等，所有这些修饰词丝毫都不能表达出他朗诵的实质。诗人的声音听上去有点沙哑、刺耳、令人心碎，而这无比强烈地突出了赫洛普莎冷酷的话语。极度真诚、极其强烈地不止一次而且以不同的语气重复出现流放犯的一再要求：

“我想见到这个人！”

恐惧之情也传达得十分到位：

“他在哪里？在哪里？难道没有他这个人？”

令人难以置信，这样一个小人儿拥有如此强烈的情感和如此完美的表现力。朗诵的时候，他脸色发白，连耳朵都变成灰白色的了。他与诗歌节奏不一致地挥舞着双手，但就应该是这样的，诗歌的节奏难以捕捉，冷酷言语的语气轻重也有着极其细微的差别。好像他在抛掷这些话语，一句扔到脚下，一句抛得远远的，另一句甩到他所憎恨的人的脸上。而且所有的一切：包括沙哑刺耳的嗓音、不正确的手势、晃动的身躯、闪烁着愁苦的眼睛——都是诗人此刻所处环境中应该有的那样。

普加乔夫问了三次的那个问题，他朗诵得令人惊叹：

“您疯了吗？”

——响亮而愤怒；然后声音略低，但更加激动：

“您疯了吗？”

最后，声音完全低了下去，因为绝望而几乎喘不上气来：

“您疯了吗？”

“谁告诉您，我们被消灭了？”

他问得非常好，好到无法形容：

“难道灵魂也会像重担一样将你压倒？”

然后稍作停顿，叹一口气，诀别一般地：

“我亲爱的人们……

我的好——人们……”

他使我激动得喉头哽咽，想放声大哭。记得我当时说不出任何夸奖他的话语，不过，我觉得，他也不需要那样的话。

我请他朗诵一遍关于那只七个幼崽被抢走扔到河里的狗的诗。

“如果您不觉得累的话……”

“读诗我不会累的。”他说，然后又犹豫地问：

“关于狗的诗您喜欢吗？”

我告诉他，在我看来，他是俄罗斯文学中如此高超而又如此真挚、充满爱意地描写动物的第一人。

“是的，我喜欢所有的动物。”叶赛宁若有所思地低声说，但我问他是否知道克洛德尔（Клодель）的“动物乐园”时，他却没有回答，用双手摸了摸头，开始朗诵《狗之歌》（*Песнь о собаке*）。一直读到最后几行：

眼中潸潸泪流，
仿若一颗颗金星
洒落在雪地上。

听完这些诗，我不禁想到，与其说谢尔盖·叶赛宁是一个人，不如说他是大自然只为了诗歌、只为了表达“田野无尽的哀伤”、对世间一切生物的热爱和人类应有的仁慈之心——比其他一切都更重要的仁慈之心而创造的一个工具。因此，抱着吉他的库西科夫、跳舞的邓肯显得更加无用，极度无聊的柏林勃兰登堡城显得更加无用，独具天才、彻头彻尾的俄罗斯诗人周围的一切都显得更加无用。

可他好像不安而无聊。他轻轻地抚摸了一下邓肯，大概就像从前抚摸梁赞的少女们一样，拍了拍她的后背，建议离开：

“去个热闹的地方吧。”他说。

我们决定晚上去游乐场。

在玄关里穿外衣的时候，邓肯开始温柔地亲吻男人们。

“俄罗斯人非常好。”她非常激动地说，“这样的人——啊哦！没有……”

叶赛宁笨拙地表演了吃醋的场景，他用手掌拍了一下她的后背，喊道：

“不许你亲吻别人！”

我想，他这样做仅仅是为了表明，旁边的人是外人。

这一年，高尔基住在柏林。

纳塔利娅·克兰季耶夫斯卡娅继续讲述高尔基和叶赛宁的那次见面。

“叶赛宁来的时候，请叫我一声。”有一次他说，“我对这个人感兴趣。”

决定在菲舍尔膳宿公寓举行早餐聚会，我们那时在公寓里租了两个带家具的大房间。在角上的那个阳台对着库达姆大街的房间，按对角线斜着摆了一张长桌子。邀请了伊莎多拉·邓肯、叶赛宁和高尔基。

非常好的是，纳塔利娅·克兰季耶夫斯卡娅也讲述了高尔基前面给我们讲过的那一天的情况。比较一下两人的说法，非常有意思：

……伊莎多拉来了，身上裹着很多浅灰色调的围巾、肩上斜披着一块红旗一样火红的雪纺绸。这一次她很安静，看上去很疲惫。脸上的妆没那么浓，充满了女性美的憔悴面庞，让人想起了以前的邓肯。

从女性角度对邓肯外表的这个评述很重要。纳塔利娅·克兰季耶夫斯卡娅指出了妆容的变化，不过，不排除第一次见面发生在邓肯两次演出之间，众所周知，她的演出安排紧密，经常会有一天三场独舞表演的情况！因此，完成白天的演出之后，晚上演出之前她出来和叶赛宁一起散散步，是不会洗去脸上的妆的。

……作为早餐的女主人，我对三样东西感到不安。

纳塔利娅·克兰季耶夫斯卡娅继续讲到。

第一，是不能让尼基塔从隔壁房间跑出来，他被藏在那里，一整天不能出来；第二，是并排而坐的叶赛宁和高尔基的谈话总是不太和谐。我看得出来：叶赛宁很胆怯，像个小男孩，高尔基在仔细观察他；第三，不安是早餐的男主人造成的，因为他毫无远见地一个劲儿地往伊莎多拉的杯子里倒伏特加（喝几杯这种饮料她根本不当回事）。主人这种漫不经心的后果是很明显的。

“为了俄罗斯革命！”伊莎多拉向着阿列克谢·马克西莫维奇举起自己的杯子，咋咋呼呼地说，“**听着，高尔基！我要为俄罗斯革命跳《如果仅仅……》（*Seulmentt…*）。俄罗斯革命，很好！**”[1]

---

①此处原文为法语，用宋黑字体表示，下同，不再标注。——编者注

阿列克谢·马克西莫维奇皱着眉头跟她碰杯。我看出他不大自在。他抚摸着自己的小胡子，弯下腰低声对我说：

“这位中年女士称赞革命就像演员称赞一场成功的初演，她这样做没用。”沉默片刻，他又说道，“这女士的眼睛真好看，有才气的眼睛。”

纳塔利娅·克兰季耶夫斯卡娅还指出了一个小小的细节：不管怎样，高尔基还是看到了邓肯的优点。不过，我们当时并没有在现场，不排除这句话是纳塔利娅·克兰季耶夫斯卡娅为了缓和气氛臆想出来的。

早餐进行得十分热闹和忙乱。喝过咖啡之后，高尔基从桌边站起身，请求叶赛宁朗诵最近写的新诗。

叶赛宁朗诵得很好，但是，好像有点过于努力，用力过猛，从而失去了内心的宁静。（我难过地想起莫斯科莫尔恰诺夫卡的那个晚上。）高尔基喜欢这些诗，这我看得出来。他们谈得兴致勃勃。我看着站在窗边的他们。他们真是太不同了！一个久经考验、目标确定，正在大步向前，另一个像盲人一样摸索着前进，跌跌撞撞、惊慌失措、举步维艰。

这又是一个十分正确的评述，高尔基著作等身，其话剧正在欧洲最优秀的剧院成功上演，而叶赛宁的知名度仅限于俄罗斯，他根本不知道西方人会怎样对待他。再加上不可能用俄语交流，实际上，在柏林那里，恰恰俄罗斯人相对较多，俄罗斯俱乐部、图书馆、报纸等也比较多。但所有这些人对叶赛宁来讲都是陌生的。与如今在饭馆当伙计的白卫军的见面，差点以灾难结束。有备而来的报纸上刊登着伟大的邓肯的俄罗斯丈夫的访谈录，不过他们关心的不是文学，而只是这桩几乎赔本的婚姻的细枝末节。在公众看来，叶赛宁什么也不是，只是正在老去的女舞蹈家的面首。这一切都刺激着叶赛宁的神经，而敏锐的女作家（纳塔利娅·克兰季耶夫斯卡娅）在他身上发现的正是这种焦躁和不安。

不要看她手腕之外
和她肩上流动的绸缎。
我在这个女人身上寻找幸福，
却无意中找到了死神。

《唱吧，唱吧。可恶的吉他弹奏着……》

（*Пой же, пой. На проклятой гитаре*...）

莫斯科人早已认为叶赛宁是第一诗人，因此原谅他打碎橱窗、打架斗殴，这不奇怪。加利亚在回忆录中如此描写在综合技术博物馆举行的诗人大赛：

我们对待叶赛宁的态度极其幼稚。我们该投谁的票呢？我们羞怯地决定——投叶赛宁的票。我们羞愧，是因为我们不明白我们把叶赛宁当作俄罗斯第一诗人是我们太大胆还是真的正确。但我们还是要投他的票。

可是，忽然——令人大失所望！参加的是各种小人物，

伊莎多拉·邓肯和谢尔盖·叶赛宁，柏林，1922年。

叶赛宁都没有到场。无聊、无趣。我猛然间向左边的入口一转头，在下面门口的地方看见了一颗金色的脑袋！我一下子跳起来，喊得整个大厅的人都听见了：

“叶赛宁来啦！”

马上开始一阵慌乱与骚乱，响起狂喊声：“叶赛宁！叶赛宁！叶赛宁！”一部分观众对此很气恼。有个人带着嘲讽对我说：“怎么，您想听听月亮之歌吗？”我只是粗鲁地回敬了他一句，就继续和别人一起呼喊叶赛宁。

人们把叶赛宁连拉带举地弄到桌子上——不朗诵是不可能的了，无论如何不会放他走。他朗诵的不多，并没有参加比赛，只是客串一下，但是，很显然他也不需要参加比赛，很显然，他，只有他才是第一位的。跟平时一样，接下来的事我都不记得了。

“……后来，诗人库西科夫来了，穿着切尔克斯卡袍，背着吉他，像酒馆里的人。”高尔基接着讲到。“谁也不认识他，但是他像影子一样，跟在叶赛宁身后，在柏林到处逛。”

邓肯不得不带上库西科夫一块儿旅行，而且负担他的全部费用，因为叶赛宁坚持要这样。

伊莎多拉说想要跳舞，她从身上摘下大半的围巾，只留两条在胸前、一条在腹部，还有一条红色的缠在赤裸的手臂上，像一面旗子，然后，她高高地抬起双膝，昂起头，在房

> 间里转着圈奔跑起来。库西科夫摸索着在吉他上弹出了《国际歌》。她双手做着敲铃鼓的动作，在房间里旋转起来，像酒神节上臃肿、酒醉的女子。观众都被挤到墙边。叶赛宁低下头，好像犯了什么错似的。我心里很不好受，我想起了15年前她在彼得堡那充满激情的舞蹈。天仙一样的邓肯！为何时间如此残酷地对待这个天才而荒谬的女人?

天才而荒谬——有时，叶赛宁也为自己心爱的女人感到难堪。他崇拜邓肯，崇拜她的举世闻名，他很高兴挽着她的手臂走上一圈，在朋友面前夸耀一番，但是，他听到的不是赞叹，而是背后越来越多的鄙夷的议论，不时还有人喝醉了劝他丢下他的老太婆，不要毁了自己的生活。

> ……你不要说她老，她是漂亮、优美的女人。只是她满头白发(染料的作用)，银丝胜雪。你知道吗，她是真正的俄罗斯女人，甚至比俄罗斯所有的女人都更像俄罗斯人。她的心是我们俄罗斯的。

切尔尼亚夫斯基[①]在《相见的三个时代》(*Три эпохи встречи*)中如是转述叶赛宁对邓肯的评价。

① 弗拉基米尔·斯捷潘诺维奇·切尔尼亚夫斯基(Чернявский Владимир Степанович, 1889—1948)，俄国诗人、演员，谢尔盖·叶赛宁在彼得堡的好友之一。

第十三章 游乐场

……华丽得一塌糊涂的游乐场使叶赛宁活跃起来。

我们又听到高尔基的声音。

他不时笑着，从一个新奇的东西跑向另一个新奇的东西，看令人尊敬的德国人自娱自乐：他们努力把球扔进丑陋的硬纸面具的嘴里，倔强地攀爬着脚下摇摇晃晃的软梯，然后重重地摔倒在波浪起伏的台子上。有无数种这样简单的游戏，有很多火焰，而且诚实的德意志音乐一刻不停地到处轰响，这音乐可以被称为"胖子的音乐"。

"建了不少东西，可是什么特别的东西也没想出来。"叶赛宁说到。接着马上又补了一句，"我不是在诋毁。"

然后，他急急地说，动词"诋毁"好于"谴责"。

"简洁的话语总是胜过烦琐。"他说。

叶赛宁对德国人的娱乐活动走马观花式的观看令人疑虑，而且让人产生这样的想法：这个人想看完一切东西，仅仅是为了快点忘记。我们站在圆形的凉亭前面，亭子里面有彩色的东西在转动并不断地鸣叫，叶赛宁突然急匆匆地问我：

“您认为，我的诗有用吗？总的来讲，还有艺术，就是诗歌有用吗？”

问题再恰当不过了：即使没有席勒（Шиллер），游乐场依然欢快地活着。

但是，没等我回答他的问题，叶赛宁就提议道：

“我们去喝酒吧。”

在坐满了快乐人群的巨大的酒店凉台上，他又感到无聊了，变得无精打采、喜怒无常。他不喜欢送上来的酒。

“酸涩，还带着烧焦的羽毛的味道。请要一点红酒，法国的。”

但是，红酒他喝得也很勉强，好像是不得已而为之。有短短的两三分钟时间，他专注地看着远处：那里，在高空之中，黑云的背景之下，一个女人在走穿过池塘上方的钢丝。五彩火焰把她照得全身通亮，她的头顶上方似乎有一团团焰火在跟随着她，时而隐没在黑色的云层中，时而倒映在池塘的水面上。这一切似乎是美丽的，但叶赛宁嘟哝道：

“所有人都尽可能做得可怕。不过，我喜欢杂技，您呢？”

他给人的感觉不是一个被惯坏了的、自我炫耀的人，不，让人感觉好像他来到这个未必真正快乐的地方是情非得已，或者是“出于礼节”，就像不信教的人去教堂一样。他一来就急不可耐地希望法事快点结束，因为这法事丝毫不能触动他的灵魂，因为这是给别人的上帝做的法事。

大家决定在空气清新的户外结束这一天。有人提议去游乐场，据说柏林的游乐场特别好。

纳塔利娅·克兰季耶夫斯卡娅的说法与高尔基一致。

那是一个周日的晚上，看上去悠闲、庄重的人们在城市的各个街道上漫步，散发着冠冕堂皇的无聊。他们小心翼翼地穿着自己那象征着富足的星期天礼服，穿着、戴着、拿着一次没用过的新雨伞、新手套、气派的手杖、雪茄烟、皮包、考究而夹脚的鞋子和礼拜天的圆顶礼帽。商店橱窗的铁制护板都放了下来，因此城市显得更加宽敞和干净了。

我们分头坐上几辆汽车，司机载着我们在宽阔的库达姆大街上奔驰的一路，伊莎多拉的头一直倚在叶赛宁的肩上。

“告诉我，母狗，告诉我，坏—女—人……”伊莎多拉含含糊糊地哼哼着，像个孩子似的噘起嘴唇求吻。

“她喜欢我用俄语骂她。”叶赛宁说到。不知是在解释，还是在为自己辩解，“她喜欢，她也喜欢我打她。小怪物！”

“那您打她吗？”我问。

“她自己找我打。”他模棱两可地笑了。

“语言不通的情况下，你们是怎么交流的呢？”

“就这样：我的——你的，我的——你的……”他像集市上的鞑靼人那样动起手来，“我们互相理解，是吧，西朵拉？”

谢尔盖·叶赛宁和伊莎多拉·邓肯在柏林，1922年。

在游乐场的饭店里，伊莎多拉疲惫地坐在小桌后面，手拿一杯香槟，眯缝着眼睛看着人群上方，眼里充满了厌恶、威严而落寞的神情，就像被关在笼子里的澳大利亚美洲狮，看着外面闲着没事看热闹的讨厌的人们。

周围的德国小市民在喝着他们的周日啤酒。饭店爵士乐队的铜管乐声尖利而哀伤，响彻夜晚的天空。架空斗车在木制斜坡上轰隆作响，把尖叫着的人们抛向经过检验无危险的深渊。叶赛宁和库西科夫一起在哈哈镜前面呈现出各种难看的样子。镜子有时把人变得圆鼓鼓的像个球，有时把人扭曲成痛苦的虫子。旁边轰隆作响的是著名的“钢铁海洋”，一条条的铁带波浪般翻腾着，传送着带轮的铁船。毫无疑问，是某个阴郁的厌恶人类者荒诞的想象力发明了这个钢铁的娱乐设施，柏林的骄傲！在园区的另外一个角落里，挂满彩灯、疯狂转动的靶子亮得刺眼，令人太阳穴作痛。大多数娱乐项目的根本都是古怪的暴虐狂心理。看得出来，高尔基不太喜欢这些娱乐。他在人群中被认出来，好奇的人们跟在他身后，像追着娱乐设施一样。他辞别我们，回家去了。

这个晚上注定不会顺利结束。我们餐桌上的热烈气氛渐渐散去，饭店里慢慢空了下来。伊莎多拉觉得特别无聊。叶赛宁喝醉了，很不开心，他是俄罗斯式的醉酒，高谈阔论、吵吵闹闹。与高尔基的会面有什么东西刺激了他、触动了他。

“那些聪明人，让他们去找他们的狗娘吧！”他与库西科夫推杯换盏，胆子越来越大，“普希金怎么说的？”“上帝原谅，诗歌应该带点傻气。”“哥们儿，诗歌它不喜欢聪明人！

喝，萨什卡[1]！”

这是一个我不认识的叶赛宁。在他突然爆发的流氓习气后面，我感觉到某种习惯性的东西，其后隐含着的不是巨大的屈辱，就是绝望。觉得他很可怜，想快点结束这个越拖越糟糕的夜晚。

①萨什卡（Сашка），库西科夫的小名。——译者注

第十四章 一个拥有过去的男人和一个没有未来的女人

邓肯信奉自由的爱情，目前的爱人是否已婚她并不在意，因为上帝创造我们的身体就是为了获得愉悦和满足。至于新情人的个人生活、他以前的情人、孩子、体面与不体面的行为，她可以连续听上几个小时。通过伊利亚·施耐德以及很快就与她成为好友的叶赛宁的朋友们，她得知叶赛宁在遇到她之前结过两次婚。首先，1913年，在“伊·德·瑟京的合伙人”印刷厂工作时，叶赛宁结识了安娜·伊兹里亚德诺娃[①]，后者在1914年为他生下了儿子尤里[②]。

安娜·罗曼诺夫娜属于那种自我牺牲精神可以支撑整个世界的女人。她看上去朴实、低调，总是被生活琐事缠绕，看着她，你可能会被表象欺骗，看不出她天生有很强烈的幽

① 安娜·罗曼诺夫娜·伊兹里亚德诺娃（Анна Романовна Изряднова，1891—1946），俄国诗人谢尔盖·叶赛宁的第一任同居妻子。

② 尤里·谢尔盖耶维奇·叶赛宁（Юрий Сергеевич Есенин，1915—1937），母亲为安娜·罗曼诺夫娜·伊兹里亚德诺娃，毕业于假期技校，就职于安·图波列夫（А. Теполев）设计室，性格像父亲，因为反对现有秩序的大胆言词而被捕，其时他只是个22岁的小伙子，1937年被枪毙。

默感，拥有很高级的文学趣味，博学多识。与叶赛宁有关的一切在她看来都是神圣的，她从不谈论、也不评判他的行为。周围人应该对待他的态度，她十分清楚——那就是保护。

几年之后，塔季扬娜·叶赛宁娜这样描写父亲的第一任妻子。

“亲爱的”、“可爱的”、“永久”。
可心里总是装着一件事，
如果触动一个人的激情，
那么，你肯定找不到真理。[①]

他刚刚从农村来到这里，可是一点儿也不像农村的小伙子：他穿一身棕色的西服，浆过的领子高高的，系着绿色的领带。

安娜·伊兹里亚德诺娃这样描述丈夫叶赛宁。

一头金色鬈发的他像洋娃娃一样漂亮，根据第一印象，人们管他叫复活节天使[②]。他傲慢自负、自尊心很强，因此人们不喜欢他。他对我很是迷恋，总是给我读诗。他对我要求特别苛刻，甚至不让我跟女人说话：“她们不是好人。”他的情绪很颓唐：他是个诗人，没有人愿意理解他，编辑部不愿意发

①献给安娜·伊兹里亚德诺娃的诗。
②复活节期间在市场上出售的带翅膀的玩具天使，比喻人时指面色绯红的美男子。——译者注

表他的诗歌，父亲总是责备他……所有的薪水他都用来买书和杂志，根本不考虑怎样生活……

安娜·伊兹里亚德诺娃和叶赛宁有了儿子尤里之后，年轻的父亲就明白，家庭不是他的天地。必须想办法在报纸和杂志上发表诗歌，干事业，而不应该洗尿布。他扔下妻子和初生的婴儿，去彼得堡碰运气。此行的目的是与勃洛克[①]相识。

……不要冒冒失失地闯进俄罗斯文学。应该进行高明的战争、采取最细致的策略。……装傻没有坏处。我们的人特别喜欢傻瓜……应该让每个人都感到满意……我想，就让每个人都这样认为吧："是我把他引入俄罗斯文学的。"他们很开心，我却很讨厌。

马里延戈夫似乎是在转述叶赛宁的话，实际上他叙述的是他自己看待事物的观点。

没有正式离婚，因为他们压根就没有登记。因此，没有任何申诉，他们就像大海中的两条船一样分道扬镳了。叶赛宁许诺要来探望尤尔卡[②]并尽可能资助对他的教育。下面是安娜·伊兹里亚德诺娃的话：

①亚历山大·亚历山德罗维奇·勃洛克（Александр Александрович Блок，1880—1921），俄国诗人、20世纪俄罗斯文学经典作家、俄罗斯最伟大的诗人之一。

②尤尔卡（Юрка），叶赛宁儿子尤里的小名。——译者注

叶赛宁跟我在一起不得不浪费很多时间。需要送我去医院、操心房子的事。叶赛宁好奇地看着孩子:“我当爹了。”

夕阳红色的翅膀黯淡了,
雾中的篱笆静静地睡着了。
别难过,我白色的寒舍,
因为我们又变得孤孤单单了。
月亮在茅草房顶上清洗着,
装上宝蓝色弹夹的犄角。
我没有跟在她身后,也没有
送她走过僻静处的草垛。
我知道,时间会减轻焦虑。
这伤痛也会像时间一样消逝。
双唇,和无辜的灵魂,
她也会为另一个人珍惜。
乞求欢乐的人不是强者,
只有高傲的人才能生存。
而另一个人对她会始乱终弃,
像扔掉被潮气腐蚀的锁链。
我等待命运不是因为无聊,
新雪将会狂暴地飞旋。
而她也会来到我们这里,
温暖她的小伙子。
脱下皮衣,解下沙丽,

和我一起在篝火边坐下……
平静而温柔地对我说，
孩子长得和我一样[①]。

三年之后的1917年，叶赛宁娶了女演员季娜伊达·赖赫，还与她在沃洛格达县托尔斯基科沃村的一个古老的教堂里举行了结婚仪式。婚宴在“巴萨日”宾馆举行。叶赛宁没有举办婚礼和教堂仪式的钱，但是新娘给自己的父亲尼古拉·赖赫[②]发了一封电报：“给我汇100卢布。我要结婚。季娜伊达。”没有要求更多的解释，后者就立即满足了女儿的要求，并开始等待新人回门。新娘的手捧花是叶赛宁在去教堂的路上采集的野花。简朴的婚礼过后不久，一对新人就出发去奥廖尔与季娜伊达·赖赫的父母和亲人相见。

康斯坦丁·叶赛宁[③]在《关于父亲》(*Оботце*)一书中讲述了这次见面的故事：

“夏天快结束的时候，三个人一起来到了奥廖尔。”姥爷说，“季娜伊达和她的丈夫，还有一个头发、眉毛、胡子颜色都很浅的小伙子。她丈夫个子高，头发黑，很有气派，一本正经。自然，安排了不太盛大的宴会。那是困难时期。我们坐在一起，喝了些酒，聊了会儿天。快半夜了，我给新婚夫

①献给安娜·伊兹里亚德诺娃的诗。

②尼古拉·安德烈耶维奇·赖赫(Николай Андреевич Райх，1862—1942)，出生时取名奥古斯都(Август)，西列基亚人，当过火车司机。

③康斯坦丁·谢尔盖耶维奇·叶赛宁(Костантин Сергеевич Есенин，1920—1986)，苏联体育记者和统计学家、足球专家。主要职业为建筑工程师。

安娜·罗曼诺夫娜·伊兹里亚德诺娃（前排蹲坐者）和谢尔盖·叶赛宁（后排左二）与“伊·德·瑟京的合伙人”印刷厂的工友们在一起，莫斯科，1914年。

妇安排好了房间。可我看季娜伊达没有到她丈夫身边去，却走向那个浅色头发的小伙子。我完全糊涂了。她和他两个人向安排好的房间走去。这时我才明白，那个浅色头发的才是她丈夫。而另外一个，是他的朋友，我还得给他安排房间。”姥爷和天下所有的姥爷一样，喜欢庄重、踏实的男人。谢尔盖·亚历山德罗维奇一副小男孩的样子让他感到沮丧。

“季娜伊达对他说，他是她的第一个男人。但是，她撒了谎。”阿·马里延戈夫搬弄是非到。“因为这个，叶赛宁永远也不能原谅她。是男人式的不能原谅，因为血气方刚，而不是因为根深蒂固的思想。‘坏家伙，为什么撒谎？’他抽搐得脸都歪了，眼睛发红，双手攥拳。回到彼得堡后，他们分居了一段时间。”

1918年春天，马上就要临产的季娜伊达·赖赫搬回奥廖尔的父母身边。1918年5月29日，叶赛宁夫妇添了女儿塔季扬娜·叶赛宁娜。他们决定在莫斯科生活。因此，叶赛宁暂时先走，去安排住处。

最初的争吵源于诗歌。

塔季扬娜·叶赛宁娜【诗人的女儿，留下了一部关于自己母亲的回忆录《季娜伊达·尼古拉耶夫娜·赖赫》（*Зинаида Николаевна Райх*）】，给我们讲了一个家庭传说。

有一次，他们把结婚戒指扔到了黑乎乎的窗外【勃洛克——《我把信物戒指扔进了黑夜》（*Я бросил в ночь заветное кольцо*）】，然后马上就跑出去找（当然，母亲讲这件事时总要加上一句："我们那时真傻！"）。但是，随着他们互相了解的加深，他们有时真的非常震惊。可能，"了解"一词不能涵盖全部——每段时间都能发现新问题。可以说，是时间本身激化了一切。

等到季娜伊达·赖赫该生她与叶赛宁的第二个孩子时，她带着塔季扬娜·叶赛宁娜又回到奥廖尔的父母身边。这是1920年的事。生了个男孩，取名叫康斯坦丁，非常遗憾的是，孩子病得很严重，本应回到父亲身边的母亲不得不带着小孩搬到齐斯洛沃茨克去疗养。

"呸！头发是黑的！叶赛宁家的人没有黑头发的……"谢尔盖撇撇嘴，和马里延戈夫一起坐车走了。

季娜伊达·赖赫的头发是黑色的，所以黑头发不是背叛的标志。你想想，随母亲——会是个幸福的人。

我不能与季娜伊达一起生活……我跟她说过——可她不愿意理解……不走……脑子里只有一个想法："谢尔古恩[1]，

---

①谢尔古恩（Сергун），谢尔盖的昵称。——译者注

你爱我，这我知道，别的我不想知道。”托利亚，你告诉她……我有别的女人了……说春天的时候我们就住在一起了，而且我特别爱她……我也不能隐瞒这事……[1]

叶赛宁的各种新奇想法烦扰着妻子，季娜伊达·赖赫一人分成几半，奔走于丈夫、父母、塔尼亚和不断生病的科斯佳[2]之间，这样一来，小儿子的病情快要稳定的时候，她自己也进了精神病门诊。

儿子出生一年之后，奥廖尔市的法庭接到了下面的声明：

请贵庭在职责允许的范围内，不要驳回我与妻子季娜伊达·尼古拉耶夫娜·叶赛宁娜·赖赫的离婚请求。我们的孩子——三岁的塔季扬娜和一岁的康斯坦丁，我留给前妻季娜伊达·尼古拉耶夫娜·赖赫抚养，同时承担他们的抚养费，对此我签字确认。谢尔盖·叶赛宁。

签完离婚文件，季娜伊达·赖赫把孩子留给他们的外祖父母，去了莫斯科，因为她突然令所有人感到意外地考上了梅耶霍德[3]主持的导演系。一年之后，她嫁给了梅耶霍德，后者正式收养了塔尼亚和科斯佳。

1922年夏天，我完全不认识的两个人——母亲和继父——

① 马里延戈夫的小说《没有谎言的长篇小说》中叶赛宁的话。
② 科斯佳（Костя），康斯坦丁的小名。——译者注
③ 弗谢沃洛德·埃米尔耶维奇·梅耶霍德（1874—1940），俄国现代戏剧鼻祖。——译者注

来到了奥廖尔，把我和弟弟从姥姥姥爷身边带走了。在剧院里，很多人在弗谢沃洛德·埃米尔耶维奇面前都战战兢兢的。而在家里，他经常把一件小事——小孩子可笑的一句话、一道可口的菜——变成巨大的喜悦。他会给所有的家畜治病：敷布、拔刺、开药、包扎甚至注射，还一边做一边夸奖自己，喜欢自称为“梅耶霍德医生”。

塔季扬娜·叶赛宁娜继续讲到。

据说，在一次晚间聚会上，梅耶霍德好像对叶赛宁说了一句：“叶赛宁，你知道吗，我可是爱上了你的老婆……如果我跟她结婚，你不会生我的气吧？”

叶赛宁开玩笑地对导演行了一个屈膝礼：“发发慈悲，娶了她吧……我将终生感激你。”

不过，当季娜伊达·赖赫彻底离开他时，他还是骂了人：“插足我的家庭，假装保护神……把我老婆勾搭走了……”

三个孩子，邓肯当年正好失去了这么多的孩子：两个淹死了，一个出生几分钟便夭折了。要是叶赛宁能给她机会，哪怕是偶尔给他的孩子们买点礼物就好了！也许，那样他们就有可能不破坏自己的关系，而我们现在谈论的也将不是悲剧的爱情，而是幸福的爱情。有三个来自不同母亲的孩子，过些年还会出现第四个①！还会有那么一天，命运将尤拉、塔尼亚和科斯佳联系在一起，并

①即亚历山大（阿利克）·谢尔盖耶维奇·叶赛宁-沃尔平（Александр Сергеевич Есенин-Вольпин，1924— ），数学家、哲学家、诗人、苏联持不同政见者和维权运动的领导者之一，1965年12月5日莫斯科“舆论游行”的组织者，1970—1972苏联人权委员会鉴定专家、苏联政治犯（在监狱、流放和精神病院共度过6年时间）。

使他们成为朋友。事情是这样的：

> 对面，林荫路的另一面，有一座特别像纪念碑的房子——格里鲍耶陀夫[①]曾经住在那里。究竟有哪些他的同代人在我们的房间里走过——(19世纪)20年代的时候，这样的问题不知为何从未出现过。

塔季扬娜·叶赛宁娜讲到。

> 诺文斯基大道是个繁华的地方，不远处有热闹的斯摩棱斯克市场，那里有一个很大的跳蚤市场，戴着帽子和面纱的年迈女士在那里出卖自己的扇子、首饰盒和小花瓶。有茨冈人牵着熊在大道上走来走去，他们是流浪艺人。外来的农民吓得直皱眉头，踏着树皮鞋、穿着家织的厚呢外衣、肩上背着包裹，穿过有轨电车道四散逃避。
>
> 在林荫路上，我们突然十分意外地认识了同父异母的哥哥——尤里·叶赛宁。他比我大四岁。好像他也被领到林荫道上来玩，而且，显然是因为没找到别的同伴，他开始用雪橇拉着我们玩。他的母亲，安娜·罗曼诺夫娜·伊兹里亚德诺娃在长凳上和我们的保姆聊了起来，问我们“是谁的孩子”，然后感叹一声，“是哥哥拉妹妹呢！”她马上表示要和我们的母亲认识一下。从那时起，尤里开始经常到我们这里

① 亚历山大·谢尔盖耶维奇·格里鲍耶陀夫（Алекса́ндр Серге́евич Грибое́дов，1795—1829），俄国剧作家。

来，我们也常到他那里去。

叶赛宁可能介绍邓肯跟孩子们认识吗？这甚至非常容易，无论如何，他带加利亚去见过他们，后来还带来了索菲亚·托尔斯塔娅：

父亲只有一次认真地管过我。

塔季扬娜·叶赛宁娜讲到。

那次他不是一个人来的，而是和加林娜·阿尔图罗夫娜·别尼斯拉夫斯卡娅一起来的。他听我朗读。然后，突然开始教我……语音。他检查我是否能听清楚一个词中的所有音，特别强调说，每两个辅音之间总是能听到一个短的元音。我争辩说，既然没有字母，就不可能有任何音。

邓肯总是给叶赛宁钱养活他的母亲[①]和妹妹。她还很年轻，招收了40名女学生，一个不留地把她们都收为养女，为她们开办舞蹈学校。有一次，已经是叶赛宁和邓肯从国外回来之后了，整个莫斯科城里传播着一个奇怪的流言，说诗人（叶赛宁）决定把塔尼亚和科斯佳偷走，与自己的新妻子一起抚养他们。

①叶赛宁的母亲是塔季扬娜·费多洛夫娜·季托娃（Татьяна Федоровна Титова，1875—1955）。

季娜伊达·赖赫和孩子们，康斯坦丁·叶赛宁（左）和塔季扬娜·叶赛宁娜（右）。

有一天，叶赛宁想把我们“偷走”的流言传到了季娜伊达·尼古拉耶夫娜耳朵里。

塔季扬娜·叶赛宁娜在回忆录中写到。在整个叙述过程中，她都以名字和父称称呼自己的母亲。

要么两个一起偷走，要么偷走一个。我看见过父亲和奥尔加·格奥尔吉耶夫娜（Ольга Георгиевна）开玩笑，因此，完全可以想象，父亲肯定是捉弄某个人，跟人家讲他要把我们偷走。也许，他没想到这话会传到季娜伊达·尼古拉耶夫娜耳朵里。也许，想到了……

后来，有一天，当我跑进母亲的卧室时，我看见了一个令人惊讶的画面。季娜伊达·尼古拉耶夫娜正坐在地板上数钱。她面前的钱堆成了一座小山：都是像银行里那样用纸包着的硬币，像一个个小柱子。原来，那次剧院发工资用的都是有轨电车上的硬币。

“你和科斯佳用这些钱去克里米亚。”她激动地小声说。

我当然很久以后才得知，她小声说话是为了保密。而我们真的被紧急送往克里米亚去了，同行的还有奥尔加·格奥尔吉耶夫娜和阿姨——为了不让叶赛宁找到我们。家里有很多女人，散播恐怖情绪的人有的是。那个年代，有很多人离婚，母亲对孩子的抚养权是个新鲜事物，父亲“偷走”孩子的事件总是被人们传来传去。

第十五章 叶赛宁与记者

在柏林发表了几篇关于叶赛宁与邓肯的文章，法国、美国（作为邓肯的故乡，后者尤甚）的记者们兴高采烈地采访着这对赔本婚姻的夫妻，而且不知为何，这些抓噱头的人没有一个想到要和诗人谈谈文学以及他对诗歌的看法。与平常一样，大家感兴趣的只是风流韵事。最受欢迎的是关于打架和闹事的文章。意象派的话题有意思，是因为这个小组的成员行为乖谬，而苏联政府又姑息迁就莫斯科城内饭店里乌七八糟的情况或者创作性晚会上的打架斗殴。有一种持续不断的传言，说的好像是托洛茨基①下达了指示，把酗酒打架被抓的叶赛宁小心翼翼地送到警察局，让他睡到天亮，然后再把他赶走，无论如何不能把事情闹大。

叶赛宁传奇般的打架故事让“友人们”感到满意。这些丑

①列夫·达维多维奇·托洛茨基【Лев Давитович Тротский，笔名，还有下列笔名：比罗（Перо）、安季德（Антид）、奥托（Ото）、Л.谢多夫（Л.Седов）、斯达李克（Старик）等】，出生时取名莱博·达维多维奇·布龙施泰因（Лейб Давитович Бронштейн，1879—1940），20世纪的革命家，马克思主义的分支之一——托洛茨基主义的思想家，1917年十月革命的组织者之一，红军的创建者之一，共产国际的创始人、思想家之一和执行委员，第一届苏联政府外务人民委员，1918—1925年任军事和海洋事务人民委员，先后担任俄罗斯加盟共和国和苏联革命军事委员会主席。

事吸引很多好奇的人来到咖啡馆[1]，增加了咖啡馆的收入。他们不需要清醒的叶赛宁。当他喝酒的时候，周围的人也在喝酒，花的都是他的钱。

最终，米克拉舍夫斯卡娅透漏了这些人所共知的丑闻的内幕。

记者们无数次问到叶赛宁和邓肯的私生活问题。造成这样一种印象，好像任何人都没有尝试了解叶赛宁本人和理解他心中所想。所有人看见的都是一个漂亮的年轻人陪在比他大15岁的女人身边，尽管邓肯不断提出抗议，总是声明叶赛宁是个天才，人们对他的印象还是没有改变。还出现了下面这样令人气愤的打油诗：

你想不出比这更荒谬的闹剧。
这就是移民局输出的材料，
这就是有教养国家诗人的灵感。
在列宁的特许之下，
不很年轻的邓肯，
带回了年轻的叶赛宁！

1922年5月21日，蒙施泰因[2]在柏林采访了叶赛宁，并做了如下记录。

---

①指的是“斯托伊洛·比加斯”，其收入由叶赛宁和马里延戈夫二人分享。

②列昂尼德·格里戈里耶维奇·蒙施泰因（Леонид Григорьевич Мунштейн，笔名洛洛，即Лоло，1866—1947），俄国诗人、政论家、剧作家、戏剧活动家。

> 意象主义者是自身所处时代的孩子和表达者。按照列宁的话，他们是“得了时代病的小男孩”，按照卢那察尔斯基的话，他们是“不正常的家伙”。现在，意象主义是俄罗斯诗歌中占据优势的流派，仅在莫斯科一地，意象主义者的团体就有将近100名成员；“外省也在模仿意象派。”

叶赛宁这样告知记者A.维特卢金[①]，后者在采访之后邀请叶赛宁和邓肯参加在艺术宫举行的文学晚会。

第二天，叶赛宁和邓肯来到晚会现场时，大厅里已经坐满了人。但是，应该是忌妒邓肯的声望，他把自己的另一半扔在台阶上，抢先走进俱乐部的大门。这是很奇怪的任性行为——按照礼节，夫妻二人应该同时出现。但是，规矩不是给叶赛宁定的。他向阿列克谢·托尔斯泰和尼古拉·明斯基[②]点了点头，拥抱了爱伦堡[③]、库西科夫。整个大厅里的人都激动得交头接耳，对叶赛宁不怀好意的人在下注，用随便什么东西赌他是不是文学流氓。

> 有人喊了一声：“《国际歌》！”然后响起了喧闹声、口哨声。叶赛宁一下子跳到椅子上，开始朗诵纯俄罗斯题材的诗歌——关于漂泊、躁动的心。对那些吹口哨的人，他大声喊

① 弗拉基米尔·伊里伊奇·伦炯（Владимир Ильич Рындцзюн，1897—1953），以笔名A.维特卢金（А. Ветлугин）闻名于世，俄国作家、政论家、记者。

② 尼古拉·马克西莫维奇·明斯基（Николай Максимович Минский，1855—1937），俄国作家、诗人，原名尼古拉·马克西莫维奇·维连金（Николай Максимович Виленкин）。

③ 伊利亚·格里戈里耶维奇·爱伦堡（Илья Григорьевич Эренбург，1891—1967），俄国散文家、诗人，法语、西班牙语翻译家，政论家、摄影家和社会活动家。

道："你们怎么也吹不过我。只要我把四个手指往嘴里一塞、一吹，你们就完蛋了，没有人比我吹得好。"[①]然后，就吹了一声口哨。接着又怒气冲冲地喊道：

"在俄罗斯，现在很难弄到纸张，我和马里延戈夫一起在斯特拉斯内修道院的墙上写我的诗，或者在林荫道上朗诵它们。最好的诗歌爱好者是妓女和强盗。"

他这样说完之后，有一部分观众觉得受到了伤害，纷纷离场，而叶赛宁在掌声和口哨声中开始朗诵自己的诗歌。

在柏林，这种小事被当作文学晚会上的小打小闹，没人在意。你想想，诗人们喝醉了，互相骂几句，也没有打死人，算什么大事。可是，第二天，卢那察尔斯基的桌子上就放着一封来自柏林的电报，其中特别指出，不应该允许像叶赛宁这样不稳定的人去国外。结果，夫妻二人不得不向外务人民委员M.利特维诺夫（M. Литвинов）做出书面解释：

我保证以后行为端正，在公开场合不唱《国际歌》。——叶赛宁写到。等这令人不快的风波勉强平息下来，他们就出发去了法国，然后去了美国。

在这里，记者又开始对这对夫妻展开攻击。

---

①见《前夜报》（*Накануне*）。

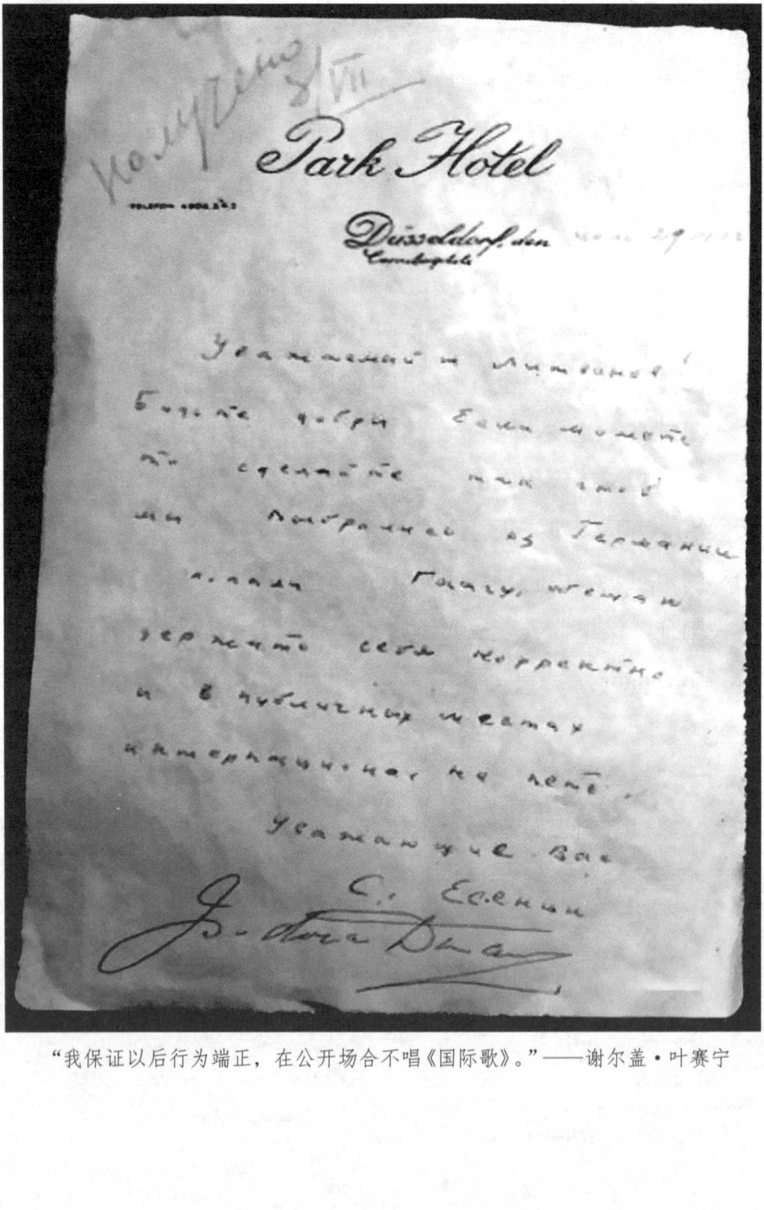

Park Hotel

Düsseldorf, den

С. Есенин

“我保证以后行为端正，在公开场合不唱《国际歌》。”——谢尔盖·叶赛宁

年轻的俄罗斯人被曼哈顿的摩天大楼震撼了，说要写诗歌唱它们。他说他喜欢写“关于流浪汉和叫花子的诗”，但他跟他们不一样。他还说，强盗和叫花子、狗、牛和其他家畜都热爱他。新闻界说他是抑郁质的人，但是，他好像是曾经横跨大西洋的那个最快乐的布尔什维克。[①]

还有这里：

伊莎多拉声称，她丈夫是加入意象派的在世的俄罗斯诗人中最伟大的一位。她给记者们展示了一小册译成法文的他的诗集……

邓肯到处展示那本书，可是记者似乎没有发现，对“诗人”这个关键词没有反应。美国新闻界对什么感兴趣？相应地，美国读者对什么感兴趣呢？他们感兴趣的是，去过了野蛮的俄罗斯之后，如今著名的邓肯是如何着装的，而她的阿拉罗斯风格的心上人长的又是什么样子。在此，我不想引用整篇文章，因为它十分冗长乏味，就从记者描绘邓肯服装的那一段开始吧：

……宽大的蓝色毛裙上面带着白色安哥拉羊毛刺绣的图案，红色的精制羊羔皮靴上带着金色的花纹、镶嵌着玉石，宽大的细毛毡帽子，帽子下面露出染成红黄色的蓬松的头发。

① 见《纽约先驱报》(*Нью-Йорк Геральд*)。

而《纽约先驱报》是这样评价叶赛宁的：

> 邓肯女士的丈夫走了进来。他……看上去像个小男孩，可以在任何一个足球队做一名优秀的前卫，他身高大约五英尺十英寸[①]，金发碧眼，头发梳理得很整齐，宽肩膀，十秒之内可以跑100码[②]的大长腿。

下面仍然是《纽约时报》所作的描述：

> 27岁的叶赛宁看上去比实际年龄年轻。穿上普通的灰色花呢西装，他的衣着与普通美国商人没有任何区别。尽管不会说英语，他还是俯身听自己的夫人说话，微笑着赞成她对采访记者所说的话。他们两个人看上去都是热恋之中的样子，也都不刻意隐瞒这一点……

但是，家庭的幸福与不幸福——这话题自然不错，所有时代的记者都喜欢在那些世俗的专栏里描写名人私生活的细节。令人惊讶的是另外一点：任何人都不想与诗人谈谈诗歌。大家似乎事先已经断定他没什么可说的，于是就给他画了句号。不过，这里我要引用叶赛宁写给伊万诺夫-拉祖姆尼克[③]的信中的一部分，写信

① 五英尺十英寸约等于177.8厘米。——译者注

② 100码等于91.44米。——译者注

③ 拉祖姆尼克·瓦西里耶维奇·伊万诺夫-拉祖姆尼克（Разумник Васильевич Иванов-Разумник，1878—1946），真姓伊万诺夫，俄国作家、文学批评家、社会学家。

的日期是1921年5月，地点是塔什干，在这封信中，叶赛宁谈的恰恰是文学：

……勃洛克是不注重形式的诗人，克柳耶夫也是。他们的诗中几乎没有我们俄语的任何形象。

叶赛宁写到。

在克柳耶夫那里，这种修辞很微弱（“黑暗修女手拿着绣架坐到窗前，缝制金色的空气”“藏猫猫[①]游戏的欢笑，喧闹的声音像清脆的铃铛挂在枝头”“乌云是云杉树，而太阳是金色尾巴的松鼠”等），而勃洛克仅仅只是感觉到了果戈里所说的朴实的语言：“语言是一种符号，一个人凭借它将其在内部或外部现象中捕捉到的东西传达给另外一个人。”

亲爱的拉祖姆尼克·瓦西里耶维奇，五六百个词根是相当贫乏的，而语言形象的分支又是一件十分乏味的东西。要想成为诗歌创作的大师，必须把它们研究透彻。无论是勃洛克，还是克柳耶夫，都像大多数诗人一样，没有做到这一点。

这些年，我很关注语言，做了很多研究，我非常害怕地发现，无论是普希金，还是我们所有人，包括我自己，都不会写诗。

要知道，诗歌是一种特定的语言形式。在这种语言形式中，艺术家以抒情的、叙事的或造型的方式表现自我。无论

①指父母经常和小孩子玩的捉迷藏游戏：大人当着孩子的面躲在柜子、门、枕头等物体后面几秒钟，然后喊着“喵喵”露出头来，逗孩子笑。——译者注

采用哪种方式，他都是在使一个词对另外一个词产生某种声音上的吸引。也就是说，所有词语都进入一个总是有些相近的发声轨道。

但是充斥我们创作之中的类似于弄到—成为（достать–стать）、道路—走路（пути–идти）、美丽的姑娘—隐藏（голубица–скрыться）、茶叶罐—沉默的女人（чайница–молчальница）等诸如此类的并不算是韵脚。只有野蛮人才会这样做。设想一下，我们的语言里只有29个发声的字母，但是如果把它们分成同等的类型，那也不够用，但这还是没有用。应该学会使词语摆脱它的单义性，即使不是通过字母，也要借助于意义的概念做到这一点。

诗歌的耳朵应该是那块通过词的声音把各种形象意义连结成声音的单一撞击的磁石，只有那样才有意义。但是，要知道，走了—找到了（пошла–нашла）、小脚—小路（ножка–дорожка）、梦见—染蓝（снится–синится）根本不是韵脚。

这是最不能容忍的无知，诗人自身不会由于这种无知而去创造飞走了—起飞了（улетела–отлетела）这样的韵脚。所有的动词词尾都是词语行为单一性的一种，仅凭此一点，动词就不能与动词押韵。但同时，语言中几乎所有的名词都是动词。什么是山雀（синица），这个词从哪里来的?只能来自动词变蓝（синеется），就像美丽的姑娘（голубица）来自动词变成天蓝色（голубеется），等等。

我不想以此在您面前阐发或证明我的诗歌痕迹理论。不!我只想向您申明一点：除了内心的冲动，我对诗人还持有一种特殊的观点，根据这种观点，我拒绝一切精准的韵脚和韵律，如今词语只是断续地、拗口地、轻轻地辗转反复，但是意义是多种多样的。类似于土壤—翻转（почва–ворочаестя）、去哪里—给了（куда–дал）等。《八重唱赞美诗集》（*Октоих*）部分是这样写成的，而《牝马船》（*Кобыльи корабли*）则全部是这样写成的。

我在信中正是而且仅是从这种观点出发，跟您谈论勃洛克和克柳耶夫的。拉祖姆尼克·瓦西里耶维奇不是特别喜欢诗歌中只为小说家所需要的那种类型。诗人应该不断拓展对于词语的视野。既然我们在用俄语写作，那么我们必须知道，对我们的形象有双重视角："我脑袋的黄色叶子""太阳像水洼一样结冰"是双重感觉的形象。"玛丽亚，去把雪花点燃"和"请弹响小山谷""阿夫多季娅，去把门槛浸湿"等是教历风格的形象，由我们的大俄罗斯人从他所过的双重生活中创造出来的，在这种双重生活中，他对自己的时日有双重感觉：宗教的和日常的。

就是这样，这是关于诗歌艺术的秘密的整套课程。马上就可以看出，叶赛宁是多么娴熟地掌握和运用着所有这些形象，他对它们的思索是多么透彻、感受是多么深刻、体会是多么细腻。叶赛宁从来不是一个偷懒的诗人，从不认为诗歌是上天赐予他的。那样的诗人通常借口"心里就是这样想的"而不愿意对所写的东西做一点点修改。而叶赛宁对于诗人创作的评价首先是一个高度职业性的实践家的观点。

玛丽亚是宗教节日的圣玛丽亚日，而“去把雪花点燃”和“请弹响小山谷”则是平常日子，积雪消融、山谷里小溪欢唱的日子。但是，在俄罗斯很少有人能理解这一点。只有安德烈·别雷[①]对这个比较亲近。请您看一看叶甫盖尼·扎米亚京（Евгений Замятин）在《艺术之家》（*Дом искусства*）一号里那麻雀绕口令般的《我害怕》（*Я боюсь*）。

可能，按照阿列克谢·米哈伊洛维奇（Алексей Михай-лович）的教导，他附和捂着鼻子走路的丘科夫斯基[②]，夸奖没有任何语感的马雅可夫斯基[③]。可他的诗里几乎连一个俄罗斯特色的韵脚都没有，而只是黑人与小俄罗斯人的混合（夸大其词——已成过去，涓涓细流——奥地利）。

这里必须解释一下：扎米亚京写了一篇文章，高度评价马雅可夫斯基的诗歌：“像从前一样，在白铁皮一样平坦的未来主义之海上只有一座灯塔，那就是马雅可夫斯基，因为他不属于迅捷灵敏之人……”这篇文章中还有下面的文字，“莫斯科意象派对马的嗜好很明显被马雅可夫斯基钢铁般的阴影压抑了。但是，无论如何努力放出臭气和大呼小叫，他们也抵不过马雅可夫斯基。”

---

①安德烈·别雷【（Андрей Белый），笔名，原名鲍里斯·尼古拉耶维奇·布加耶夫（Борис Николаевич Бугаев），1880—1934】，俄国作家、象征主义理论家，毕业于莫斯科大学数学系（1903）。

②科尔涅伊·伊万诺维奇·丘科夫斯基（Корней Иванович Чуковский，1882—1969），俄国诗人、批评家、翻译家。

③弗拉基米尔·弗拉基米罗维奇·马雅可夫斯基（Владимир Владимирович Маяковский，1893—1930），俄国诗人、画家，除了诗歌，在戏剧、电影剧本的创作、电影导演、电影表演、绘画方面都有突出表现，《列夫》（*ЛЕФ*）杂志和《新列夫》（*Новый ЛЕФ*）杂志的编辑。

术语“对马的嗜好”来自于对舍尔舍涅维奇的文集《马就是马》（*Лошадь как лошадь*，1920）的联想。

……拉祖姆尼克·瓦西里耶维奇，如果我使您难过，那么再次请您原谅。我们不喜欢西徐亚人，因为他们不会支配他们的语言的双弧弓和谜[①]。当他们给他们的敌人送去飞禽、老鼠、青蛙和三叶箭时，大流士一世[②]需要整个长老会议来解释其用意。从某种程度上讲，艺术应该也是这样的。我很好地研究了艺术，也对它施加了影响，因此我可以平静而高兴地称自己和我的同道们为“意象派”。您还记得吗？我在加列尔纳亚街40号时跟您说过这个。在《农村日课经》（*Сельский часослов*）中，我甚至就把我的这种激动不安称为“伊兹拉米斯吉尔”[③]。那时我觉得，这是神奇的仿造。而现在我可以简单地说，这是个双重视觉的时代，这个时代无愧于创造了《伊戈尔远征记》（*Слово о полку Игореве*）的我的先辈的双重听觉；同时，这也是下面这样的诗句：“马车在白木上吱呀作响/好像被驱散的天鹅。”

问题不在于З.文格罗娃[④]1915年在文集《射手》（*Стрелец*）

①应该是指西徐亚人没有自己的文字。——译者注

②大流士一世（？—前485），波斯帝国的第三代君主（前522—前485），不仅是波斯帝国的伟大君主，也是世界历史上的著名政治家之一，曾发动十八次大战役，统一波斯帝国，并进行了一系列的改革。

③“伊兹拉米斯吉尔”指的是下面的诗句：“我为你的罗斯的少女预告了新的复兴。她会给你生一个儿子……他的名字叫伊兹拉米斯吉尔。”叶赛宁式的新词“伊兹拉米斯吉尔”来自于词语“神奇的仿造”的缩略形式。

④季娜伊达·阿法纳西耶夫娜·文格罗娃（Зинаида Афанасьевна Венгрева，1867—1941），俄国作家、翻译家和文学批评家。

> 中带给我们的意象主义，而在于我们接受并且稍稍改变了它。问题在于我通过这些形象对世界的认识和改造。请您回忆一下：“词语像鸡蛋一样，被抛向我们/带着破壳而出的鸡雏……”①
>
> 那时，这是“上帝啊，产牛犊吧”式的忧愁，对像牛一样抬起尾巴的霞光的盼望，而现在……②

如我们所见，叶赛宁确实在诗歌上面下了很多功夫，读了很多诗人的作品，总结出了自己的观念。他更关心的是国外新闻界对他的反应，特别是回国之后。那个时候，弄到这方面的材料比在西伯利亚的小河里淘金还困难。

“（我们）谈起了文学批评。叶赛宁对国外报纸上的文学评论文章非常感兴趣。亚娜答应帮他找外国报纸。”加利亚回忆道，“他最感兴趣的是关于他本人和意象主义者的文章和评论。因此，我和亚娜给他找到了很多报纸。我在全俄紧急状态委员会的信息部查找这些报纸，为此必须浏览整套的《最近新闻》（*Последние новости*）、《日报》（*День*）和《机关报》（*Руль*）。”

顺便说一下，将来会有关于叶赛宁的新闻，也会有关于叶赛宁的学术著作。可暂时，邓肯还必须为在国外翻译和出版叶赛宁的作品而努力。于是，首先在《前夜报》上发表了叶赛宁诗选，取得成功之后，叶赛宁签订了出版诗集的协议。这本小书是作者自

①“词语像鸡蛋一样，被抛向我们/带着破壳而出的鸡雏……”是叶赛宁献给伊万诺夫-拉祖姆尼克的长诗《变容节》（*Преображение*）的结束语句。

②“……上帝啊，产牛犊吧……”也出自长诗《变容节》，“……对掀起牛尾巴的霞光的盼望……”指的是下面的诗句：“在乌云下面，像一头母牛/霞光抬起了尾巴。”

拉祖姆尼克·瓦西里耶维奇·伊万诺夫-拉祖姆尼克，原姓伊万诺夫，俄国文学家、文学批评家、社会学家、作家。

费出版的，确切地说，是邓肯自费。在这本书出来之前，叶赛宁签订了出版《诗歌及长诗合集》的协议，条件同上一本书一样。

不必赘言细节，有人曾问过高尔基，欧洲读者对叶赛宁的诗反响如何，在此仅引用高尔基对这一问题的回答：

“疯抢，就像馋嘴的人一月的时候抢草莓！”他高兴地说道，“总的来讲，非常成功！”

第十六章 囊中羞涩时

“我的傻瓜，心肝宝贝！你也是畜生中的畜生。你这个癞皮狗，钻到女人裙子底下，忘记了自己最好的朋友，你怎么不害臊！”叶赛宁在给马里延戈夫的信中写到。

第一行中就有所暗示：马里延戈夫骂过叶赛宁，责怪他把结婚（先是与赖赫，后是与邓肯）看得比神圣的艺术还重要。可如今马里延戈夫自己也犯了错。爱得昏天黑地，甚至连朋友的信都不能回了。

> 马丁是一回事，我是另外一回事。我给你这个混账发了一大堆信，可你这个混账一点儿消息都没有。好吧，听我的。仁慈的先生，您了解欧洲吗？不！您不了解欧洲。我的上帝啊，那是什么样的感受，心脏跳得多厉害……哦，不，您不了解欧洲！
>
> 首先，我的上帝，令人极其讨厌的单调、极度贫乏的内心，让人唾弃。心脏不停地跳啊、跳啊，充满了极度绝望的愤恨，心里也直发痒，但是让我感到痛苦的是，爱德曼[1]对我说，这种心痒无法消除。他是个优秀的诗人，可在这件事

①尼古拉·罗伯托维奇·爱德曼（Никола́й Робе́ртович Э́рдман，1900—1970），俄国剧作家、诗人、电影剧作家。

上，我觉得他可恨至极。

既然这是你自己的心，为什么无法消除？为此，我愿意把鞋刷子塞进嗓子里，但是我的嘴太小、喉咙太细。是的，这个讨厌的爱德曼，他是对的，为了这个，请替我吻他无数次并且告诉他，不久前，我这个年轻人肚子表盘上的表针掉了①。表的机芯坏了。

是我，我的红头发朋友，是的！我给萨什卡②写过信，给兹拉腾③写过信，可你谁都没给写。现在我明白了，我什么都明白了。哼，我早就不是小孩子了。在对不安的探寻中，诗人是不应该爱的。

这是B.莎士比亚（B.Шекспир）。哦，我现在知道了，你现在在卡纳尼亚，下次我一定要报复你一下，给你用英语写信，让你什么也看不懂。

是的，我一定要写上“will ha we happy impression④”、“请你原谅我”。

1922年，叶赛宁出国之前，请求马里延戈夫照顾一下他的妹妹卡佳：把钱给她——这钱指的是叶赛宁在诗人咖啡厅和

① 在这里，叶赛宁对H.P.埃德曼的小型长诗中的一首《自画像》（*Автопортрет*）进行了改造，诗中的原句是：“我看见一个年轻人在给一个女人挂上的大腿表针/表盘就是那个女人的肚子。”

② 萨什卡（Сашка），即亚历山大·米哈伊洛维奇·萨哈罗夫（Александр Михайлович Сахаров，1894—1952），俄国出版工作者，1919年与叶赛宁相识，时任国民经济苏维埃印刷生产部秘书、国民经济最高苏维埃印刷处委员会成员，写作回忆叶赛宁的作品《A.M.萨哈罗夫回忆叶赛宁》（*Воспоминания А.М. Сахарова о Есенине*）【《旗帜》（*Знамя*）杂志，1996】。

③ 兹拉腾（Златый），即谢尔盖·德米特里耶维奇·戈洛瓦乔夫（Сергей Дмитриевич Головачев，1904—1954）的笔名。

④ 意为：获得幸福的感受。

尼基塔大街上的书店的红利。

米克拉舍夫斯卡娅讲到。

马里延戈夫没有兑现自己的诺言。叶赛宁知道这事以后，他们吵了起来。当马里延戈夫和尼克里京娜[①]在国外长期不归时，叶赛宁还到我这里来，请求我说："请您给这两个混蛋寄钱，要不然他们就没法回来了。钱我给您，只是别让他们知道这是我的钱。"

叶赛宁是个外向、坦诚的人，愿意帮助所有人，关心所有不幸的人，因此带着这样的旅伴，邓肯不得不变卖房产并不奇怪。关于这一点，叶赛宁在给伊利亚·施耐德的信中是这样写的：

亲爱的伊利亚·伊里伊奇，您好！吻您！

请原谅我这么长时间没有给您写信，柏林的环境把我折磨坏了。现在，由于神经衰弱，我身体很虚弱。我正在威斯巴登治病。不喝酒了，正在开始工作。

如果伊莎多拉不是行为乖戾的人，让我可以在什么地方坐一会儿的话，那么我也能赚到很多钱。暂时我只拿到了一万多马克，而且还可以拿到四百。伊莎多拉的情况非常糟

①安娜·鲍里索夫娜·尼克里京娜（Анна Борисовна Никритина，1900—1982），天才的苏联电影、戏剧话剧演员、莫斯科室内剧团的演员（1928年之前）、列宁格勒大话剧院演员，马里延戈夫的妻子。俄罗斯苏维埃加盟共和国功勋演员（1934）。

糕。在柏林，律师卖掉了她的房子，却只给了她九万马克。同样的事可能会发生在巴黎。她的财产、藏书、家具都被骗光了，银行的钱也被冻结了。

她刚刚急派了自己的一个近人去了那里。著名的保罗-邦库尔[①]不仅没帮她的任何忙，甚至拒绝在她去巴黎的签证上签字。她的情况就是这样的……可她像什么事也没发生一样，坐着汽车一会儿去吕贝克，一会儿去莱比锡，一会儿又去魏玛。我只能默默顺从地看着她，因为只要我一反对，她就会歇斯底里地发作。

信上署的日期是1922年6月21日，当时叶赛宁和邓肯住在威斯巴登。

尽管“情况非常糟糕”，叶赛宁还是给自己买了无数套衣服，以至于宾馆的衣柜根本装不下。一旦过时，这些衣服往哪儿放？寄到农村给父亲？邓肯明白这一点，因此甚至没去阻止自己的丈夫。

他就是这样一个孩子，他在生活中从来都没拥有过什么。我们不能因此责怪他。

当叶赛宁醉得像个死人一样被送回来、因而看门人或楼层值班员不得不扛他回房间的时候，她不责骂他。“他可是俄罗斯人，而俄

① 奥根斯腾·阿尔弗雷德·约瑟夫·保罗-邦库尔（Огюстен Фльфред Жозеф Поль-Бонкур，1873—1972），法国第三共和国时期国务活动家、政治家。

罗斯人都喝酒。”不过，邓肯偶尔也会有这样的特殊情况。对于所有的额外服务，邓肯都以最贵的价格支付费用。因此，产生这样一种印象，好像宾馆的酒吧间只为几个怪异的俄罗斯百万富翁服务似的。

> 伊莎多拉和叶赛宁在椴树下大街上的“爱德伦”宾馆包了两个大房间。他们过得很阔绰，看来是他们手里的钱恰好可以让人对他们产生鄙视的态度。

纳塔利娅·克兰季耶夫斯卡娅继续讲到。

> 邓肯刚刚抵押了自己在伦敦郊区的一座房子，并且正在商谈出售巴黎的房子的事宜。早在莫斯科时就开始计划的与叶赛宁一起乘坐五座别克车漫游欧洲需要钱，再加上有一个法国秘书陪着伊莎多拉，而叶赛宁身边还死乞白赖地跟着一个诗人库西科夫。汽车是邓肯能够接受的唯一的交通工具。火车车厢使她厌烦，身体发抖。据说，她从未坐过火车。

这是不对的，邓肯经常坐火车旅行。当初，这位美丽的舞蹈家每次巡回演出时，她的情人帕里斯·辛格尔都在她的豪华包厢里堆满鲜花。

那个帕里斯·辛格尔教会邓肯开车之后，她就爱上了自驾旅行。失去孩子之后，她连续几个月乘车在不同的城市之间穿行，无法停止。不过，人们经常对名人做一些不符合事实的想象。

总的来讲，邓肯是个非常奇异的女人。毫无疑问，她是聪明的，聪明得独特、与众不同，自负地喜欢让对话者震惊。我后来在她的另外一个同胞、伟大的萧伯纳[①]身上也发现了这种说话顽皮的特点。

比如，邓肯曾说过："大多数社会灾难是由于人们不会做动作。人们做的很多动作都是多余而且不正确的。"

这是邓肯哲学的一部分，在自己的学校讲课的时候，她经常做公开讲座。叶赛宁因为想和她使用同样的语言，在她讲话的时候甩掉靴子跳舞，直到累得倒在地上起不来。

有一天夜里，库西科夫突然闯入我们家。

纳塔利娅·克兰季耶夫斯卡娅的声音又传入我们的耳朵：

请求我们借给他100马克，说叶赛宁从伊莎多拉身边逃走了。

"我们躲在柏林乌兰街上的一家膳宿公寓里。"他开心地告诉我，"伊莎多拉找不到的。那里安静、舒适。我们在那里喝酒、写诗。您可要小心，别泄露了我们的消息。"

但是，伊莎多拉开上汽车，在三天之内找遍了夏洛腾堡和库达姆大街上的所有膳宿公寓。第四天夜里，她像个手持皮鞭的女骑手一样，闯进了乌兰街上那家安静的家庭膳宿公寓。所有人都睡了，只有叶赛宁穿着睡衣，坐在厨房里和库西科夫边喝啤酒边下棋。他们周围是装饰着花边的架子式食物柜，柜子的黑影中，咖啡壶和餐具、茶具发出柔和的光，

①萧伯纳（Джордж Бернард Шоу，1856—1950），爱尔兰剧作家、作家、小说家，诺贝尔文学奖获得者，爱尔兰最著名的文学活动家之一。

柏林，椴树下大街，20世纪20年代。

堆放着各种水晶器皿、花瓶和杯子。墙上头朝下挂着几个木头鸭子。钟“嘀嗒嘀嗒”地响着。伴着香烟和咖啡香味的安静与舒适，笼罩着这个德国的资产阶级之家，像一层厚厚的烟幕，挡住了窗外的风暴和雷雨。但是，风暴变成伊莎多拉的样子闯了进来。一看见她，叶赛宁就悄悄地退出厨房，藏到走廊里了。库西科夫赶紧跑去叫女主人，这时，厨房里发生了一场大混乱。

伊莎多拉穿着宽松的红色衣服，像个具有毁灭性的恶魔，在各个房间串来串去。她打开食物柜，把里面所有的东西都扒拉到地上。在她的皮鞭之下，架子上的花瓶飞了出去，隔板和茶具、餐具一起掉落下来。木头鸭子从墙上掉下来，在地上乱跳，水晶吊顶哗啦哗啦响。伊莎多拉的狂暴行为一直持续到实在没什么可砸了为止。这时，她跨过一大堆碎片和残渣，来到走廊里，在衣柜后面找到了叶赛宁。

“你们立即离开这个烂窑子，跟我走。”

叶赛宁戴上平顶高帽，在睡衣外面披上大衣，不声不响地跟着她走了。库西科夫留在那里作人质，并在膳宿公寓的账单上签字。

这张账单两天之后就寄送到了伊莎多拉所在的宾馆，数额惊人。经过了许多吵闹和讨价还价，支付了所有的款项之后，伊莎多拉把自己所有的家当装进两辆大马力的奔驰车，离开柏林，取道科恩和斯特拉斯堡去巴黎，想在路上给诗人介绍一下那些著名的哥特式教堂。

第十七章 巴黎

……1922年，叶赛宁在巴黎停留期间，我认识了这个奇怪的年轻人，只有在长时间的观察之后，你才能看出他是位诗人。

翻译家和作家弗朗茨·埃伦斯[①]在自己的著作《叶赛宁与邓肯》中写到。

通常意义上的“年轻人”定义并不适合他。您看见的是精致的外表、匀称的身材、热爱生活的面部表情、生动的眼神，您会觉得这一切都表明，他是最具贵族意义的一个人。但是，在这种外表和风度之下，马上就显现出这个人的真正本性，即《一个流氓的自白》中所表现的那种本性。他的手动作很少，声音高低起伏变化很大，有时甚至达到喊叫的程度。从这两方面看，他给人的感觉又像个牧人、一个两三岁就被扔到草原上的野孩子，自由不羁、有着很多不自觉的爱

① 弗朗茨·埃伦斯（Франц Элленс，1881—1972），即弗列杰里科·凡·埃尔蒙戈姆（Фредерик ван Эрменгем），比利时作家，用法语写作。

好。他给我讲过，他跟舅舅生活在一起的时候，有一次舅舅骑上马，把他也放到马背上，然后就打马跑起来。他的第一次骑马之旅是飞奔着完成的。他死死抓住马鬃，光荣地经受住了考验。

要想了解叶赛宁，必须从他的根源、从他故乡的根本着手。我第一次看见他的时候，他雅致的着装和十分洒脱的举止一瞬间使我感到迷惑。但是，他真正的性格很快就在我面前暴露无遗。这种似乎被他特意突出的着装的雅致和举止的极度优雅，不过是他性格的又一个表现——但这不是最有意思的表现，他性格中强势的成分与令人惊异的柔软是密不可分的。他从骨子里与大自然密切相连，集健康与饱满的自然生命力于一身。似乎可以这样说，叶赛宁的两张面孔是同样真实的。这个农民是一位无可指责的贵族。

顺便说一下，他本人也非常乐于强调这种对照，或者，不如说是统一。他说过，他来到这个世界……是为了亲吻母牛，用心倾听燕麦的哗啦声，并且高兴地在诗歌中夸耀自己“戴着高筒圆顶帽，穿着上漆的短靴皮靴”，但是，他会马上回去谈自己的毡靴和圆顶帽子，因为：

……

他心里驻扎着从前的热情

——一个农村淘气鬼的热情。

对挂着肉铺招牌的每一头母牛，

他都远远地鞠躬行礼，

在广场上偶遇马车夫的时候，
回想起家乡田野里厩肥的味道，
他也想托起每一匹马的尾巴，
就像托起新娘婚纱长长的裙裾。

与高尔基和托尔斯泰一家在柏林的见面发生在邓肯巴黎巡演及叶赛宁第一次访法之前。过了没多久，叶赛宁穿着奇装异服的粗俗外表就改变了，他开始扮演天生贵族的角色。邓肯对他的良好影响是显而易见的。

巴黎完全不一样。

弗谢沃洛德·罗日杰斯特文斯基[1]如此转述叶赛宁对巴黎的印象：

巴黎的生活快乐，文明。你在街上走的时候，大家都朝你微笑，好像你就是他们的老朋友。巴黎是座绿色的城市，只不过法国人的树有点没意思。人们在想方设法照料它们，可它们却噘着嘴站在那里。郊外的田野收拾、打理得很好，作物整整齐齐的。农场是白色的，像戴着花边装饰的女仆。对了，我有一次抓起一把土闻了闻——什么味道也没有。他们的马也都梳理得毛发整齐、光滑。完全没有马匹毛发蓬乱、尾巴上沾着刺草的情况！我觉得，他们那儿好像也没有刺草。

① 弗谢沃洛德·亚历山德罗维奇·罗日杰斯特文斯基（Рожденственский Всеволод Алесандрович，1895—1977），俄国诗人。

……这是我和我妻子翻译他的诗歌[①]时发生的事。

弗朗茨·埃伦斯继续讲道：

我每天都能看见他，不是在伊莎多拉位于波姆普街上的那栋不大的独立房子里，就是在“克里昂”旅馆（为了摆脱日常生活的烦琐，他们夫妻二人时常住在那里）。如果说在“克里昂”旅馆叶赛宁给人的印象是一个高贵的人，丝毫也不脱离那个看似对他不很合适的环境，那么在小房子里的日常环境中，他在我面前展现出更加自然的面貌，至少在我看来显得更有意思、更容易引起别人的好感。同时，我也有机会有些不自然地观察这对组合：一个年轻的俄罗斯诗人和一个已经日薄西山的舞蹈家，我已经说过了，他们的组合刚开始给我的感觉几乎是奇异的。我想，世界上任何一个女人都不可能像邓肯那样，从母性的角度理解自己作为鼓励者的角色。她把叶赛宁带到了欧洲，为了给他提供离开俄罗斯的机会，建议他与她结婚。这是真正的自我牺牲行为，因为他会辜负她的牺牲和疼爱。她没有任何幻想，她知道激动人心的幸福维持不了多久，她必须承受剧烈的动荡，因为这个她想对之进行教育的“小野人”迟早会恢复原状，从身上（可能十分残酷和粗鲁地）扯下她精心编织、意欲把他包围起来的爱的防护

① 翻译出来的小册子《一个流氓的自白》计划在巴黎市的俄罗斯人的“淘气鬼”出版社出版，当然，用的是邓肯的钱。

网。伊莎多拉疯狂地爱着这位青年诗人，我明白，这场爱从一开始就是绝望。

邓肯一生都不承认所谓的婚姻：“如果一个女人读完了婚姻协议之后，还是要嫁人，那就意味着，这对她来讲是必须的！”邓肯在公开演讲中多次这样惊世骇俗地说过。她拒绝成为百万富翁帕里斯·辛格尔的妻子，尽管已经和他生了一个儿子。她不愿与戈尔东·克雷格缔结婚约，尽管在他们分手之后，她仍然崇拜他的才华。从某种程度来讲，与叶赛宁（这是一个和他在一起没有、也不可能有任何前途的人）的婚姻被认为是必须的。她认为，自己有义务让欧洲人拜倒在她的年轻的被保护人的脚下，就像瓦尔特·罗利[1]先生拜倒在英国女王的裘皮大衣之下一样。他必须使叶赛宁脱离那些整天醉醺醺的朋友，给他指明新的方向。为了把他打扮得符合巴黎的最新时尚，为了安排特殊节日、邀请未来的出版商，她变卖了自己的不动产。最终，她支付了叶赛宁诗歌各种语言所有最早译本的翻译费和出版费。对于精明强干，就像现在所说的富有创造性的邓肯来说，叶赛宁不仅是她心爱的男人，而且是一个极有意义的工程，而她非常出色地实施了这一工程。

还能怎样证明自己的爱呢？一些人强调说，要想征服一个男人，先要征服他的胃，另一些人说，要想征服一个男人，要对他阿谀奉承。出于对叶赛宁强烈的爱，邓肯义无反顾，不顾一切。她献出了自己所拥有的一切，尽管她明白，她对他永远不可能像

---

① 瓦尔特·罗利（Уолтер Рэли，1552或1555—1618），英国大臣、国务活动家、冒险家、诗人和作家，女王伊丽莎白一世的宠臣。

谢尔盖·叶赛宁在伊莎多拉·邓肯的房子里，巴黎，蚌浦大街103号，1922年9月。

他对她那么重要。

而叶赛宁则时而任性地离开自己的超龄夫人，时而回到她身边，跪下来请求原谅。不过，他也写过诗，这已经算是好的标志了。比如，下面这首诗就是献给邓肯的：

斑疹，手风琴！无聊……无聊……
风琴手的手指浪花般上下翻飞。
和我一起歌唱吧，长癞的母狗。
和我一起歌唱吧。

人们爱上了你，践踏了你，
让人无法忍受！
你的眼里为何冒出蓝色的火花？
难道你想挨个耳光？

应该把你关进菜园，做成标本，
去吓唬乌鸦。
你把我折磨得要死，
从各个方面。

斑疹，手风琴！斑疹，我密集的斑疹！
歌唱吧，难看的女人！唱吧！
我最好还是找那个，大胸的女人，
她更愚蠢。

在女人中间我第一个看上的不是你，
你们这些女人实在不少。
但是，和你这样的，混账的女人，
还是第一次交往。

越痛声音就越大
不是这里，就是那里。
我不会结束自己。
见你的鬼去吧。

不该再留恋
你们那拴狗的链子。
亲爱的……我在哭泣……
对不起……对不起……

就是这样的爱的告白。

在巴黎，邓肯全身心地投入到自己的工作中，她又要跳舞，又要忙于事务性的会面。由于无事可做，叶赛宁和库西科夫整天躲在家里喝酒。

有一次，库西科夫说动了一贯阴郁的叶赛宁出门去看看凡尔赛宫。邓肯马上给了这次活动的钱，暗中希望叶赛宁能够稍稍散散心。劝说了好长时间，最后叶赛宁终于答应了。他们一大早就出发了，穿过两三个街区，可当他们经过一家熟悉的饭店时，叶赛宁突然觉得饥饿难忍。于是，他们进去吃早饭。叶赛宁马上开始喝酒。就这样，早饭一直吃到晚饭时间，根本没去什么凡尔赛宫。后来，叶赛宁自己承认，说是故意那样做的，为的就是哪儿也不去。

……我记得有一个晚上，这两个人的悲剧和叶赛宁的真实性格同时暴露出来。

弗朗茨·埃伦斯讲到。

我来的时候，他们（指的是叶赛宁和邓肯）还在桌边坐着，我看出他们处于一种奇怪的、阴郁的精神状态。勉强跟我打了招呼。他们像年轻的恋人一样，完全被对方所吸引，看不出来他们正在吵架。片刻之后，伊莎多拉对我讲，仆人们破坏他们的生活，那天晚上出现了令人讨厌的场面，让他们惊慌失措。

叶赛宁的妻子表现得比平时愤怒，失去了她那卓越的冷静、那种构成其艺术及其本性的根本的分寸感和节奏，而这些东西通常都对诗人产生良好的影响。因此，叶赛宁决定让她喝点酒。他没有任何不好的企图。

在舞蹈家的脸上，我越来越清晰地读出了绝望，通常她把这种绝望隐藏在平静、带有微笑的表情之下。表现出绝望纯粹是因为她体力不支。

但是，伊莎多拉突然又强打精神，起身邀请我们去她的工作室——那是一个大厅，里面设有她的舞台，靠墙摆放着带靠枕的长沙发。她请求我用法语朗诵我刚刚翻译完成的叶赛宁的《普加乔夫》，带有下列诗句的长诗："这既是出场人物/又是人群、风儿、大地和树木。"我读了，但是不太情愿，因为我害怕自己的胆怯和蹩脚的发音吐字会破坏了兼具尖锐与温柔的伟大长诗。显然，伊莎多拉对我的朗诵不满意，因为她马上请求叶赛宁用俄语朗诵这首长诗。当我亲眼看到、亲耳听到他朗诵时，我是多么的羞愧啊！而我竟敢去触碰他的诗歌！叶赛宁时而像暴风雨一样狂躁不安，时而像霞光中的新叶一样细语沙沙。这似乎表现出了他诗歌最基本的气质。我一生中从未见过诗歌与其创造者如此完美融合的情况。这次朗诵极其完整地表现了他的风格：他在演唱自己的诗歌，在庄严地宣读它，把它倾吐出来，他以野兽的力量和姿态，时而高声怒吼，时而低声嘟囔，深入人心，使人着迷。

那天晚上我就明白了，这样两个迥然不同之人的分离，一定是悲剧性的。

第十八章 美国

（1922年）10月1日，邓肯和叶赛宁搭乘“巴黎号”轮船抵达纽约。轮船刚刚靠岸，马上就遇到了新的考验：登上甲板的边境工作人员禁止叶赛宁-邓肯夫妇下船。必须向他们郑重保证“不伤害任何人”“不参与任何政治事务”之后，才经总统У. 哈定[①]本人亲自允许，踏上美国的土地。从一开始，心情就被破坏了。下船之后，叶赛宁发现了自由女神像，他很同情地对着它点了点头，说：“可怜的老姑娘！人们把你放在这儿是为了寻开心！”然后煞有介事地对自由女神鞠了一躬。他们被送上快艇，带到岸上，并给他们规定了住处：华尔道夫·阿斯托利亚宾馆。

叶赛宁靠不断地与人发生冲突进行自我宣传，而邓肯通常靠的是与社会舆论截然不同的鲜明的革命立场。理论上讲，入境时的冲突应该能激发新婚夫妻的创作能量，但是，叶赛宁却自我封闭起来，而邓肯可能认为，所发生的事情都是自己的过错造成的。

夫妻二人对待对方的态度也在发生变化。就在不久前，纳塔

①沃伦·甘梅利尔·哈定（Уоррен Гамалиел Хардинг，1865—1923），美国第29任总统，1921—1923年在任，共和党人。

利娅·克兰季耶夫斯卡娅还讲述了夫妻二人在柏林街头漫步的情景，可马里延戈夫却咬牙切齿、恶狠狠地说：

> 挎着这个全世界知名的女人走在莫斯科的大街小巷、出现在诗人咖啡馆、音乐会、剧场首演和画展开幕式上，听着身后人们悄声的议论纷纷，他们的名字总是在一起被说出来："邓肯–叶赛宁……叶赛宁–邓肯……"这一切都让他感到心情舒畅、甚为得意。

具有敏锐观察力的纳塔利娅·克兰季耶夫斯卡娅说，叶赛宁跟她承认过：他跟邓肯有时也动手打架。有一次，邓肯在纽约的学校的校长M.梅尔茨（M. Мерц）撞上了令人难堪的场面：叶赛宁在毒打邓肯，而她在拼命保护自己的脸。

> 我坦诚地和她谈了谈，劝她不要顺从这种有失体面的对待。可她报之以她特有的柔顺的微笑："你知道，叶赛宁只是一个俄罗斯农民，而俄罗斯农民的特点就是一到周末就拼命喝酒、打老婆！"
>
> 叶赛宁对伊莎多拉的感情有多种多样的表现：在人前有时候好像万分爱恋，与她寸步不离，而二人独处的时候，他时常粗鲁、野蛮地对待她，甚至毒打和用最龌龊的骂大街的话谩骂侮辱她。

谢尔盖·叶赛宁和伊莎多拉·邓肯在“巴黎号”轮船上，1922年。

A.拉特科维奇[1]写到。

> 在这样的时候，伊莎多拉总是特别忍耐和温柔地对待他，想方设法努力让他平静下来。
>
> 我早就认识叶赛宁了，十或十二年前就认识了。

在自己的文章《应该怎样作诗》(*Как делать стихи*)中，马雅可夫斯基写到。

> 我第一次看见他的时候，他穿着树皮鞋和好像绣着小十字图案的衬衫。那是在列宁格勒的一处很好的房子里。我知道，一个地道的而非假装出来的农民脱下自己的衣服，换上半高靿皮靴和西装上衣时，都是满心欢喜的，因此，我不相信那是叶赛宁。他给我的感觉像是个滑稽演员，衣服在他身上像是道具。况且，他已经写了一些受人欢迎的诗，买靴子的钱还是能有的。
>
> 作为一个当年就穿过并捍卫过黄色女式上衣的人，我一本正经地问到他的衣着：
>
> “这是什么意思，为了宣传？”
>
> 他回答时的声音就像长明灯的油被点燃时发出的声音。
>
> 他说的好像是：

---

①亚历山大·米哈伊洛维奇·拉特科维奇(Александр Михайлович Раткевич，1954—)，俄国当代作家。

“我们是农村人，我们不懂你们那一套……不管怎样我们只是……按照我们自己的方式……穿自古以来就穿的，粗麻布的……”

他那非常有才华的、非常农村化的诗歌当然不是我们这些未来主义者能喜欢的。

但是，他这个小伙子好像还是既可笑，又亲切的。

走的时候，为防万一，我还是对他说：

“我敢打赌，您肯定会把这些树皮靴和鸡冠花都扔掉的。”

叶赛宁明显情绪激动地反驳我。克柳耶夫把他拉到一边，像个妈妈，把被怂恿学坏的女儿领走，生怕女儿没有力气和愿望反抗。

叶赛宁眼里发光。

革命后，我在高尔基家里见到他时，他已经打扮得很入时了。

我马上带着与生俱来的不拘小节大声喊道：

“叶赛宁，您输了，现在您穿着西装上衣、系着领带!”

叶赛宁发火了，冲过来要打架。

厌倦了巴黎之后，他去了美国。在那里，他又可以像在欧洲那样，过着醉生梦死的生活。

弗朗茨·埃伦斯继续讲到。

但是，俄罗斯的印迹表现得越来越明显。圆顶礼帽战胜了平顶高帽，毡靴也在与矮靿漆皮靴的对抗中占了上风。回到莫斯科时，叶赛宁好像把自己弄丢了。也许，他的同志们已经不再像从前那样紧密地团结在他周围。诗人不在的时候，他的同代人没有等他，已经远远地走到了前面。

叶赛宁陷于孤独之中，或者，确切地说，是他在不断地追逐名誉的时候，更清楚地了解到了生存的空虚，因而觉得自己是孤独的。

看着你我感到难过，
多么的心痛，多么的可怜！
要知道，九月的时候，
留给我们的只有黄铜的柳枝。

你肉体的温暖和颤抖
诱使别人张开了双唇。
有些麻木的心里
好像下着毛毛细雨。

那好吧！我不怕它。
我发现了另一种喜悦。
因为什么都没有剩下，
除了黄色的烂叶和冷冷的潮湿。

因为我没有保护好自己，

不能安静地生活，不能露出微笑。
犯过的错是如此的多，
走过的路却是那么的少。

可笑的生活，可笑的纷扰。
从前是这样，以后仍会如此。
就像坟墓，森森白骨之中，
长出了片片花草。

我们也会这样黯然失色，
也会像花草中的客人，哑然失声……
既然寒冷的冬季没有花朵，
那么也用不着为它们伤怀。

大多数美国人，如果他们从报纸上得知俄罗斯诗人的到来，也只是把他当作他们的女同胞的丈夫。叶赛宁试图发表其诗歌的英文版却徒劳无功——希望以一个创作者的形象出现在美国公众面前，而不是伊莎多拉·邓肯的伴侣、不知如何打发日子的年轻人，这个希望也破灭了。没人理会这一切让叶赛宁多么难过，甚至屈辱。

门德尔松在自己的著作《与叶赛宁会面》（*Встречи с Есениым*）中回忆到。

叶赛宁和邓肯在美国停留期间，我有机会又见过他们几次。

门德尔松写道：

有一次，伊莎多拉·邓肯在一家十分简陋的小剧场里给工人演出，确切地说，也不是剧场，而是一个小小的室内俱乐部。面对那些有能力去宽敞的卡内基音乐厅观看邓肯演出的富有观众时，女舞蹈家能够更加完美地展现自己的才华。但是，在这个聚集了纽约体力劳动者的俱乐部（进步组织的集会通常在这里举行）里，女演员的演出遭遇了困难：舞台太小了。不过，工人们却能更好地体会邓肯艺术所特有的革命特性，以及这位女演员的创作与十月革命精神的联系。

受《新世界报》委托，我去了那家俱乐部，在后台观看。叶赛宁就在那里走来走去。大厅里传来音乐声和热烈的掌声。

我觉得，诗人甚至比那天我在旅馆里看见他时还要激动（M.门德尔松第一次拜访叶赛宁是与Д.布尔柳克[①]同去的）。他坐立不安。可是，舞台后面可供叶赛宁支配的地方很小——再走一两步，从观众席上就能看到他了。和诗人一样留在后台的人不多，他无法（看来也不想）掩饰自己内心的情感。叶赛宁脸上的表情说明，他的心情沉重。

然后我和伊莎多拉辗转去了纽约。

①达维德·达维多维奇·布尔柳克（Давид Давидович Бурлюк，1882—1967），俄国未来派诗人、画家。

叶赛宁本人也与大家分享他对不久前这次旅行的印象（弗谢沃洛德·罗日杰斯特文斯基热情地为我们记录了他说的话）。

我最终没有看清楚美国的真面目。我们住在旅馆里。我来到街上。又暗，又挤，几乎看不见天。人们步履匆匆，没有人顾得上你——这甚至让人难过。我都没去过比旁边的街角更远的地方。我想，如果在这里迷路撞见鬼，谁会来找我呢？

在这里，与在柏林和巴黎一样，叶赛宁养成了突然离开、隐身在不知哪个酒吧的习惯，通常几个小时，有时几天。但是，他没有试图给自己再租个房间或跑到野外去，像在德国时经常发生的那样。一想到她的丈夫不知又会干出什么事来，邓肯就急得要发疯。

下面是她在纽约时得到的丈夫留给她的字条：

亲爱的伊莎多拉，我再也受不了了，我想回家。谢尔盖。

似乎，他不应该再有什么要求了：诗歌已经译成德语和法语，书也出了，可能很快就会译成英语。事情进展顺利，高高兴兴活着就好了。但是，叶赛宁想的是一下子得到一切，他必须快速获得稳固的荣誉，就像人们有时在传记文学中所写的那样“一夜成名”。

有一次，我看见街角上有一个卖报纸的，每张报纸上都有我的照片。我的心一下子缩紧了。这才是荣誉！名扬海外了。

我在他那儿买了整整十份报纸，然后飞奔回家，想着把报纸寄给这个那个的。到家之后，我找了个人帮我翻译我头像下面的文字。他给我翻译的是：

“谢尔盖·叶赛宁，俄罗斯农民，著名的、无可比拟的、迷人的舞蹈家伊莎多拉·邓肯的丈夫，邓肯的不朽才华……”等。

我恼火至极，把这张报纸撕了个粉碎，然后久久不能平静。这就是你的荣誉！那天晚上我去了下面的酒店，喝得酩酊大醉，我记得。我一边喝，一边哭。我真想回去，想回家。[①]

我已经开始学着对自己说：叶赛宁，封闭你的心灵吧，敞开心灵就像裤子被拉开一样让人不快……

叶赛宁在给马里延戈夫的信中写到。

我不想说这讨厌的英语。除了俄语，我什么语言都不接受，因此，我的原则是：只要谁因为好奇想跟我说话，就让他学俄语……这里的出版物《M》上有我的和你的作品的翻译，但是都很简单。人们更多知道的是我们的名字，而且知道我们名字的还不是美国人，而是外来的犹太人。看来，犹太人是最会欣赏艺术的人，因为即使是在俄罗斯，也是除了犹太姑娘，没有人读我们的作品……

---

①弗谢沃洛德·罗日杰斯特文斯基：《谢尔盖·叶赛宁》。

我既不追求荣耀，也不追求安宁，
我了解这荣耀是多么的虚幻。
而如今，当我闭上眼睛，
我只能看见父母的家园。

《这条街道我很熟悉……》
(*Эта улица мне знакома...*)

> 我们几乎每天在他下榻的旅馆见面，在交谈中都认为，最好创建一家自己的、没有政治干扰的纯诗歌和文学出版社。

在美国时经常与叶赛宁和邓肯见面的韦尼阿明·莱温（Вениамин Левин）回忆到。

> 在莫斯科，人们高喊：“一切权利属于苏维埃”，可我给叶赛宁提出了一个口号：“一切权利属于诗人”。他高兴地笑了，于是我们把这个讲给伊莎多拉听。她听到这个计划特别高兴，说她的前夫辛格尔答应给她六万美元在美国建芭蕾舞学校，她决定把这笔钱的一半分给我们建俄语和英语出版社。我们雄心勃勃，叶赛宁已经把我当作朋友和合作伙伴。

同一时期，叶赛宁的诗歌也被翻译成依地语[1]。在诗人马尼-莱博[2]家做客时，叶赛宁先朗诵诗歌，然后邓肯会跳一支舞。一切都按预定计划进行，观众十分兴奋，参加晚会的记者们在笔记本上记录着感想。在朗诵达到高潮的时候，叶赛宁从自己的座位上站起来，走到妻子身边，用拳头打她的脸，高喊：“看她还敢在所有的犹太人面前吐口水”，接着撕碎她身上的衣裙，然后怒气冲冲地走了。第二天，报纸上出现了批评叶赛宁反犹太主义的文章。

1923年1月末，叶赛宁在纽约给布拉金斯基写了下面的信：

---

①依地语，即犹太语，在语言学上又称犹太德语，属印欧语系、日耳曼语族西支，因“依地”原义“犹太”。——译者注

②原名布拉金斯基·马尼·莱博（Брагинский Мани Лейб，1884—1953），笔名马尼-莱博（Мани-Лейб），生于切尔尼果夫省，俄国诗人、翻译家，曾将叶赛宁的作品译成依地语。

亲爱的，亲爱的摩尼莱博（Монилейб）！

昨天您来我住的旅馆时，我们谈了一些事情，但是具体是什么我忘记了，因为傍晚时我又发病了。今天我躺在床上，身心俱疲。一名女护士整夜守在我身边。来了一位医生，给我注射了吗啡。

我亲爱的摩尼莱博！看在上帝的分上，请原谅我，别认为我是想做坏事或者伤害谁。

请您跟维特卢金谈谈，他会告诉您更多的详情。我这是跟埃德加·坡和缪塞一样的病症[①]。埃德加·坡病情发作的时候，破坏过整座房子。

我能有什么办法呢，我亲爱的摩尼莱博，亲爱的摩尼莱博！在这件事上，我的心是无辜的，可是今天清醒过来的理智使我流下了痛苦的泪水，我的好摩尼莱博！请劝解您的夫人，请她别生我的气，请她尽量理解和原谅我。我请求您垂怜我，哪怕只有一点点。

爱你们所有人 您的C.叶赛宁

韦尼阿明·莱温回忆道：

①指癫痫。埃德加·爱伦·坡（Edgar Allan Poe，1809—1849），美国19世纪诗人、小说家、文学评论家；阿尔弗莱·德·缪塞（Alfred de Musset，1810—1857），法国浪漫主义诗人、小说家、戏剧家。

有一天（好像是在1923年1月），我来到叶赛宁住的宾馆，他对我说，他正在筹备献给犹太诗人马尼-莱博的晚会，后者把他的很多诗翻译成了犹太语。

届时，聚集了一些俄罗斯移民，多数来自立陶宛和波兰，一些不知为何都对文学感兴趣的工人。

马尼-莱博本人高高瘦瘦的、脸色苍白、很容易让人产生好感，毫无疑问，他是一位才华横溢的诗人，他的妻子拉舍尔（Рашель）也是一位诗人，他们和善而高兴地迎接客人的到来。看得出来，所有人都焦急地等我们到来。我们刚一进门，红番区漂泊者的晚会就开始了。

很快就响起了请求叶赛宁朗诵点什么的声音。他没有让大家请求他很长时间，就朗诵了赫洛普莎的独白。

人们又请求叶赛宁朗诵一点最近写的、还没有公开发表的东西。于是，他开始朗诵《恶棍的国家》（*Старна негодяев*）中描写悲剧场面的那一段。这段对话不见得所有人都能完全理解，甚至少数人都做不到。我只清楚一点，那就是“犹太佬”这个词出现的几个地方都引起了令人不快的激动情绪。

而同时，越来越多的人来到马尼-莱博家。叶赛宁心情抑郁，他两次跑到外面，马尼-莱博和一些人【包括法音别格（Файнберг）】把他追了回来。他们又回到马尼-莱博的家里。叶赛宁试图从五楼窗户跳下去。人们抓住他，他奋力反抗。

“把我钉在十字架上，把我钉在十字架上！”他不停地喊着。

人们把他捆起来，放到长沙发上。于是，他又开始喊叫：

“犹太佬，犹太佬，可恶的犹太佬！”

正好在红番区事件之后，叶赛宁拿到了一包属于作者的样书，书是在柏林格尔日斌（Гржебин）的出版社出的。这书他送给了我一本，写上了动人的题词“爱你的……”另外一本他送给了马尼-莱博，上面写着：“送给我亲爱的朋友——犹太佬马尼-莱博”。而且，意味深长地看了看他，说：“你打过我。”

大闹马尼-莱博家之后，“卢尔”、“德尔·多格”等报纸上都发表了关于叶赛宁丑行的简报。韦尼阿明·莱温证实说：

最可怕的是，到第二天，许多美国报纸上都刊登了描写俄罗斯布尔什维克诗人丑恶行为的文章。叶赛宁被想象为“反犹太主义者和布尔什维克”。有人给我翻译了英国新闻媒体文章的内容，我自己也在美国犹太人的报纸上看到了这样的东西。很显然，有新闻媒体人士参加了在诗人马尼-莱博个人家里举办的“诗人聚会”——正是他们公开“张扬”了这次酒醉事件……

“我和犹太女人生了孩子，可他们还责怪我反犹太人！”叶赛宁愤懑地说。

第十九章 再见，美国！

从叶赛宁给马里延戈夫的信中可以看出，邓肯打算变卖不动产的事后者也知道：

> 我亲爱的托利亚！我真高兴你没有和我一起待在美国，待在这个令人讨厌至极的纽约。情况真的很糟，糟得要死。

1922年11月12日，叶赛宁这样写信给朋友。

> 伊莎多拉是一个非常非常好的女人，但是比瓦尼卡还能撒谎。她在俄罗斯给我们颂扬过的她的那些银行和城堡都是胡扯。现在我们身无分文，坐等着凑足路费回莫斯科。
>
> 我在这个世界上所见到的最好的东西，还是莫斯科。在芝加哥所谓的“十万大街”只能赶猪。可能正因此，那里才有世界上最好的屠宰场。
>
> 关于我自己，我只能说（尽管你总是以为，我是在说给后人听）我简直不知道现在该怎么办，也不知道该靠什么生活。
>
> 以前，因为俄罗斯特别贫困，所谓的“国外”还能使人兴

谢尔盖·叶赛宁、亚历山大·库西科夫、阿纳托利·马里延戈夫，莫斯科，1919年。

> 奋，可现在，我已经看清“国外”的面目了，所以我请求上帝不要心死，不要放弃对我的艺术的爱。谁也不需要我的艺术，它对所有人的意义不过相当于一个伊萨·克雷默尔[①]，区别仅在于伊萨·克雷默尔可以靠自己的演唱维持生存，而我却要因饥饿而死。

不过，当时任何人都谈不到饿死，邓肯在工作，凭借这些巡演的机会，他们在四个月之内去了芝加哥、波士顿、费城、印第安纳波利斯、路易斯维尔、堪萨斯城、底特律、孟菲斯、巴尔的摩、克利夫兰和其他城市。钱是有的，但新闻界不总是欣喜若狂地欢呼舞蹈家的到来，在很大程度上这要归罪于苏联政府，因为它不允许（邓肯的）舞蹈学校的学员出境。所以，现在没有人相信这所学校的存在。

在波士顿发生了一件咄咄怪事：因为担心邓肯又开始跳革命舞蹈，市长下令没收了她所有的红色服装。在第二个节目开演之前，邓肯穿着普通的服装登上舞台说：

> 恐怕我不能像之前公布的那样完成第二部分节目，但这不是我的错。只不过是你们的市长太喜欢红色的东西，所以未经我允许，就把我所有的舞裙都拿走了。

全场哗然，而且真的是乐得前仰后合。

---

①伊莎贝拉·雅可夫列夫娜·克雷默尔（Изабелла Яковлевна Кремер，1887—1956），俄国歌唱家、歌剧和轻歌剧演员，更为人所熟知的名字是伊萨·克雷默尔（Иза Кремер）。

1月末，报纸上刊登了一则声明：

为了救助孤儿的专场演出，伊莎多拉·邓肯将推迟自己的苏维埃俄罗斯之行。将于1923年2月2日（星期五）在莱克星顿剧场（第51大街和莱克星顿大马路交汇处）演出。将演出纯粹的俄罗斯节目。伴奏的是莫杰斯特·阿尔特舒勒①指挥的来自俄罗斯的交响乐团。著名的俄罗斯诗人谢尔盖·叶赛宁（伊莎多拉·邓肯的丈夫）将在晚会上谈他在美国的感受。

之前，邓肯也不时将叶赛宁推上舞台，但是，如果说在柏林这还完全正常、在巴黎不被理解，那么，在美国则举步维艰。

很快，邓肯就真的失去了美国国籍。得知消息后，正在演出的她在舞台上就宣布了这件事：

我的经理人告诉我，如果我继续发声，我的巡演就将结束。很好，巡演结束了。我要回到莫斯科，那里有伏特加、有音乐、有诗歌和舞蹈……是的，还有自由！

事实上，巡演得到的钱一拿到手，邓肯马上就全都花到叶赛宁身上了，而且其中绝大部分不是花费在书籍出版上，甚至不是用来购买昂贵的服装。邓肯觉得万分疲惫。她甚至把维持舞蹈学

---

①莫杰斯特·伊萨科维奇·阿尔特舒勒（Модест Иссакович Альтшулер，1873—1963），俄国、美国大提琴演奏家和指挥家，原名莫伊谢伊（Моисей）。

校运行的钱都花掉了。因此，尽管身心俱疲，她还是通过电话请求伊尔玛·邓肯给她安排巡演，这次是去高加索和克里米亚。

> 只说他（指的是C.叶赛宁）未经允许拿了邓肯八千美元就够了。不管这听起来多么让人恶心，他确实把邓肯几乎一半的衣物都据为己有了（为的是把他拿到的衣物给他的妹妹们）。

A.拉特科维奇气愤地说。

> 最好让沃尔沃斯的摩天大楼作为我的墓碑——我要带着我写的最后一首诗，从它的顶上跳下去。

叶赛宁这样回应世界上所有纠缠不休的人。[①]

---

① 参见《我的一生，我的男性朋友和女性朋友马里延戈夫、舍尔舍涅维奇、格鲁济诺夫的回忆》（*Мой век, мои друзья и подруги. Воспоминания Мариенгофа, Шершеневича, Грузинова*），第582页，莫斯科，1990年。

第二十章 请自便

尽管很多人反对邓肯带叶赛宁去法国，并要求把他送回莫斯科，夫妻二人还是又踏上了去法国之路。有什么办法呢？合同都签好了，邓肯必须完成预定的演出。

有一次，邓肯在旅馆里举行招待会，叶赛宁刚开始时露了一会儿面，然后就不见了。邓肯早就习惯了他的古怪行为，所以没有着急。大家坐了一阵子，读了些诗，然后转移到旅馆的大厨房里，这时才发现叶赛宁吊在吊灯上。大家赶紧冲向吊着的叶赛宁，有人抱住诗人的腿，把他向上举，有人把绳子割断了。结果，叶赛宁只是脖子上留下了两块瘀青，可邓肯差点儿没被吓死。

这件令人不快的事情过去两天之后，喝醉了的叶赛宁彻底毁了他们在旅馆的房间，打掉了玻璃、打碎了镜子、砸坏了所有家具，总之，把能碰到的一切都破坏了。担心自己的生命受到威胁，邓肯开车去了凡尔赛宫。晚上回来的时候，她在巨额账单上签了字，用来赔偿叶赛宁造成的损失。

我从来不相信婚姻，而现在比以往任何时候都更不相信……有些俄罗斯人不肯从故土移植到别处……所有人

> 都知道，叶赛宁是个疯子。在莫斯科，他可以毁掉世上的一切，没有人会在意，因为他是个诗人。

在接受巴黎一家报纸的采访时，她根据自己的观点解释了发生的事情。

叶赛宁没有把自己的委屈憋在心里很久，当他们到达柏林时，他接受了街头小报的采访。文章的标题为：《去西伯利亚好过给邓肯当丈夫》。

> 俄罗斯很大，在那里我总是能找到一个让这个可怕的女人够不着我的地方……她从来不愿承认我的独立性，总是试图控制我。

而下面是从对他的另一次采访中摘录的文字：

> 我疯狂地爱着伊莎多拉，但是，她酒喝得太多，所以我再也不能忍受这个了。

完成了柏林的工作之后，叶赛宁-邓肯夫妇又赶往巴黎。在巴黎，早就应该发生的事情终于发生了。无论这对不睦的夫妻投奔哪家旅馆，都被礼貌地拒绝了。总之，争吵、打闹、砸家具和打嘴巴的好戏演到头了，只能去邓肯家了。

5月27日，在特洛卡带罗广场演出之后，邓肯在家里举行聚会。叶赛宁心情不好，为了不破坏自己和客人的心情，他回了自己的房间。但是，晚会达到高潮的时候，他突然改变了主意，闯进客厅，第一时间抓起枝形台灯，向镜子上抛去。

> 你们这帮鼓肚子的臭鱼、雪橇上脏兮兮的擦脚垫、臭烘烘的烂肠子、畜生，你们把我吵醒了！

开始了谩骂，叫来了警察，这是对的。这时邓肯才开始明白，以前发生的一切不过是简单的小儿科。变成这个样子的叶赛宁，几个壮汉也拦不住。这已经不是那个一头金发的天使，诗人被魔鬼控制了。

不过，她再次挽救了叶赛宁：为了不让他被送进监狱，她声明自己的丈夫生病了。于是，人们把他送进收费高昂的诊所。

> 你到处张扬，说伊莎多拉把你关进了疯人院。我看见了一张账单，它告诉我：你待过的地方不过是一家高级疗养院。

伊利亚·施耐德给叶赛宁写信说。

> 你想什么呢？难道疯人院会允许你想什么时候走就什么时候走？这家花费了伊莎多拉大把金钱的疗养院，使你免于被警察带走和被驱逐出境。

经过一个月的治疗，叶赛宁又打架了，进了警察局。必须做出选择：要么停止巡演，支付违约金并把叶赛宁送回俄罗斯；要么

“只有天才才配拥有我的身体。”——伊莎多拉·邓肯

让他蹲监狱。邓肯选择了第一个方案。

从巴黎出发，经过柏林、柯尼斯堡、里加，然后到了俄罗斯苏维埃。到达第一个俄罗斯城市时，叶赛宁走出车厢，跪在地上亲吻了那里的土地。后来，在列车马上就要到达莫斯科时，由于情绪过于激动，他敲掉了自己包厢的窗户。

第二十一章 归来

当搬运工的白色围裙像一排白色的斑点顺着站台一字排开时，接站的人们像接到命令一样在站台上涌动起来：火车要进站了。

伊利亚·施耐德讲到。

我们一下子就看见了他们。叶赛宁和邓肯高高兴兴、面带微笑地站在车厢的通过台上。从台阶上走下站台后，伊莎多拉轻轻抓住叶赛宁的手腕，把他带到我跟前，对我鞠了一躬，用德语认真地说："我这就把这个孩子送回他的祖国了，但从此以后，我和他再没有任何共同的东西了……"

伊利亚·施耐德和叶赛宁互相握了握手，之后邓肯就走向停在一边等她的汽车，叶赛宁也像什么事都没有似的拎起皮箱，一脸幸福、满足地上车，坐在夫人身边。

邓肯一回来就马上计划去自己位于农村的舞蹈学校。叶赛宁跟她一起去了。给人一种这样的印象，似乎他们之间没发生过任何可怕的冲突，也没有过叶赛宁抗议性的自杀和离家出走。不过，裂痕已经产生，分手是不可避免的了。

刚刚勉强应付完一些巡演，邓肯又被拉进另外一些巡演，这一次是去高加索和克里木。人们以为，过一段时间叶赛宁就会又跟她一起去旅行，因为回到祖国之后，他又获得了良好的精神状态，与妻子和好如初。但是，共同的旅行没有实现。

（邓肯回来后的）第一天晚上，叶赛宁确实早早就回家了，给我讲述了“作家书店”里的混乱情况，批评了自己的出版商，面色忧郁地在房间里（房间里的一切都让人想起伊莎多拉）走了一圈，跟我谈了谈他最关心的事情：他认为极其必要的是，要诗人们自己创办自己的杂志。

伊利亚·施耐德接着讲到。

第二天，他兴冲冲地跑来说：

“我不能走！我要留在莫斯科！这么重大的事情！召我去克里姆林宫了，要给我出杂志的钱！”

他手忙脚乱地一会儿翻抽屉，一会儿翻皮箱：

“这么重大的事情！我给伊莎多拉写信，跟她解释一下。等我把所有事情一安排好，马上就去找你们！”

晚上他又来了，夜里则带回了一大群人。这群人第二天早上和叶赛宁一起消失得无影无踪。叶赛宁大大减轻了自己皮箱的分量：他把手上碰到的一切东西都随手送给了偶遇的同路人。

第二天，叶赛宁来告别，手里的皮箱不知为何用绳子绑着……

“我不会一个人住在那里，我要搬回博格斯拉夫胡同去。”他这样回答我询问的目光。

“这些绳子是怎么回事？拉链哪儿去了？”

“鬼才知道它们哪儿去了呢！不知谁给拿走了。”

说完，他走了。几乎永远地走了。

就这样，叶赛宁把自己的部分衣物和其他进口物品分送给了偶然一起喝酒的人，后者还趁着他喝醉，偷了他很多东西。同时，叶赛宁还拿走了邓肯的一半衣物，送给自己的母亲和妹妹们。然后，他衣冠楚楚、风流倜傥地去了普列瓦科（Плевако）从前的家、梅耶霍德和季娜伊达·赖赫现在居住的房子。

从实质上来讲，我没有什么回忆可言。

康斯坦丁·叶赛宁摊开双手，像父亲一样羞涩地微笑着说。

父亲最后一次来看我们，是临死前四天，和姐姐塔季扬娜一起来的，那时我还不到六周岁。可是，即使是最鲜明的印象，一个只有四五岁或者就算是六岁的人能讲出什么来呢？当然，这不是回忆，而只是类似于“神灯”的“模糊画面”的某种东西而已，也留在童年的某个地方。

但是，最近这些年，在晚会上演讲或演出的亲人、朋友、熟人几乎都不在了——时间可是挽留不住的东西，我有一次把大家应听众的要求不得不讲给我听的那些话变成对这些“模糊画面”的讲述。

这些话实在不多……

最早的记忆是父亲192×年的到来，具体是二几年，我就不知道了。那是个阳光灿烂的日子，我和姐姐在我们家长满绿树的院子里跑来跑去，玩得忘记了周围的一切。现在这座房子已经没有了。50年代的时候，它动迁了。当时，在这座白色的商旅风格的房子里有一些盖克捷马斯（国家实验戏剧工作室），后来是共和国人民演员B.И.梅耶霍德戏剧学校，梅耶霍德是我母亲季娜伊达·赖赫的第二任丈夫。

突然有一天，院子里出现了一副外国打扮、特别漂亮的一男一女。男的浅色头发，穿一身灰西装，这是叶赛宁。和谁呢？我不认识。我和姐姐被领到楼上，回到家里。毋庸赘言，这可是长期分别之后与父亲的第一次见面！但是，对我们来说，他不过是个不认识的“叔叔”。邻居的许多女人、我们的保姆和别人的保姆们七嘴八舌地说着，我们才注意到这是“爸爸”。而这个词的意义我们几乎还不明白。直至此时，“爸爸”的角色一直是由梅耶霍德担当的，尽管对我们的教育很大胆，没有向我们隐瞒我们出生的秘密，我们也知道梅尔霍德是“第二个爸爸”，不是真正的爸爸，可是，“第一个爸爸”对我们来讲仍然是一个看不见的人物，他的名字只是偶尔出现在大人们的谈话中。

叶赛宁和我们一起在方形的儿童桌边坐下，他说话时大多对着塔尼亚。刚开始他说了些什么，我早都忘记了。只记得，接下来他开始询问我们玩什么游戏，读什么书。他看清了桌上那几本薄薄的童书，几乎真的生气了。

“我的诗你们读吗？”

我记得我和姐姐当时都很慌张，也记得父亲坚持的意见：

“你们应该阅读和了解我的诗……”

后来，出现了他写给孩子们的诗《小牧童佩特的故事》（*Сказка о пастушонке Пете*），我记得那时母亲说，这些诗的产生和父亲的这次探访有直接的关系：他的孩子喜欢别人的诗，而那些诗是他不喜欢的，这让他吃醋了。嗯，事情可能就是这样的。

他走了以后，聚在下面的女邻居们特意来打听，他给我们带了什么礼物。但是，让大家都很生气的是，根本没有礼物。母亲对那些特别生气的人做出了原则性的解释：“叶赛宁不给孩子们送礼物。他说，他希望，没有礼物孩子们也爱他。”也许，这些话是对的。不过，我们的母亲并不坚持这一原则，而是经常给我们买我们喜欢的礼物。

第二十二章 离别

叶赛宁很快卷入会面和办事的旋涡之后，必须跑遍所有喜欢的地方、看看所有的朋友，而此时，出杂志的事也迸发了一点儿希望之光。8月14日，邓肯离开莫斯科，去基斯洛沃茨克巡演，当时的打算是，叶赛宁三天之后即出发去找她。

8月24日，还没有见到叶赛宁的邓肯害怕叶赛宁骗了她，担心再也不能让他回到自己身边，于是她给他发了一封电报：

亲爱的，你不在身边我很难过。望速来。永远爱你。——伊莎多拉。

直到1923年8月29日，叶赛宁才给她回信：

亲爱的伊莎多拉！

我很忙，在忙出书的事，不能去了。

我经常满怀感激之情回忆你。

我搬出了普列奇斯金卡，一开始去了克洛博夫那里，现在打算搬家，我和马里延戈夫正准备一起买套房子。我的事情进展得非常顺利。

我没有想要很多。

我去过特洛茨基那里，他待我非常好，通过他的帮助，现在给我拨了一大笔钱用来出书。祝你演出成功、身体健康，少喝点儿酒。

问候伊尔玛和伊利亚·伊里伊奇。爱你的谢尔盖·叶赛宁。

最后，他和马里延戈夫也没有买成房子，关于出版事务这里必须解释一下：

叶赛宁声称，农民诗人和作家们无处发表作品：他们既没有出版社，也没有杂志。

М.Д.罗伊兹曼①在回忆录中写到。

人民委员会答复说，这个困难可以解决：可以出版杂志，不过谢尔盖·亚历山德罗维奇得根据自己的意见制定一个杂志编委会的名单。所有支出的备用金都将划拨给叶赛宁本人，由他来选择他中意的作品在杂志中发表。自然，杂志的政治责任和经济责任都落在叶赛宁一个人身上。叶赛宁左思右想，对人民委员会表达了感谢之后，拒绝了这个提议。

① 马特维·达维多维奇·罗伊兹曼（Матвей Давидович Ройзман，1896—1973），俄国诗人、散文家、回忆录作家。

从办公室出来之后，布柳姆金[①]毫不掩饰自己的懊恼，质问叶赛宁为何不同意领导整个农民文学。谢尔盖回答说，他在“语言艺术家劳动组合”里已经有过同克雷奇科夫[②]和奥列申[③]一起工作的经验：突然有一天弄明白了，组合已经没有一分钱了。而谁又能保证这样的事情不会发生在杂志上呢？他叶赛宁本人是不太善于理财的，他也不想给自己赚个罪犯的称号。

周一我们出发去梯弗里斯，请到那里去。出发时给我发电报，奥利安特，永远爱你。伊莎多拉。

9月15日，巴库

叶赛宁是这样回复邓肯的电报的：

亲爱的伊莎多拉！我去不了，因为我很忙，我要去雅尔塔。永远爱你。你的谢尔盖。问候伊尔玛。伊莎多拉!!!

从国外回来后，邓肯去了南方（高加索和克里木）。

①雅科夫·格里戈里耶维奇·布柳姆金（Яков Пригорьевич Блюмкин，约1900—？），即西姆哈-扬克夫·格尔舍维奇·布柳姆金（Симха-Янкев Гершевич Блюмкин），其他笔名有：伊萨耶夫（Исаев）、马克思（Макс）、弗拉基米洛夫（Владимиров），革命家、契卡成员、苏联间谍、恐怖主义者和国务活动家，苏联间谍机构的创始人之一。

②谢尔盖·安东诺维奇·克雷奇科夫（Сергей Антонович Клычков，1899—1937），俄国诗人、散文家和翻译家。

③彼得·瓦西里耶维奇·奥列申（Петр Васильевич Орешин，1887—1938），俄国诗人和散文家，其创作的主要方向是对大自然和农村日常生活的诗化描写。

加利亚回忆道：

我不知道，谢尔盖·亚历山德罗维奇是否答应过到那里去找她。事实是，他几乎每天都能收到来自她和施耐德的电报。她一直在等他、召唤他到自己身边去。这些电报不断地搅扰他，提醒他不可避免地要面对复杂的情况、各种解释，甚至可能是悲剧，使他极度烦躁。他想尽各种办法，只想让这一切快点儿结束。有一天早晨，他醒来后，在床上坐起来，写了一封电报："在巴黎时我就说过，回俄罗斯我就离开。你使我非常愤恨。我爱你，但我不会再和你一起生活了。现在我结婚了，很幸福。也祝愿你幸福。叶赛宁。"

他让我读一遍，我说：既然要结束，最好别提爱之类的。于是他改道："我现在爱别的女人。已经结婚，很幸福。叶赛宁。"然后就把电报发出去了。

因为发往博格斯拉夫胡同（可这时谢尔盖·亚山大罗维奇已经住在布留索夫胡同了）的电报一直不停到来，所以我决定以我的名义发一封电报，想以此触动女性感觉的痛处，使克里木的电报不再到来："请别给叶赛宁写信和拍电报，他现在和我在一起，以后永远也不会回到您身边了。应该尊重别人的感情。别尼斯拉夫斯卡娅。"

我和谢尔盖·亚历山德罗维奇对这封电报笑话了整整一早上。还用说，这样挑衅的口吻不是我的风格，当然，如果邓肯对我稍有了解，她就会明白，这只是吓唬她一下，仅此而已。

谢尔盖·叶赛宁的肖像，尤里·安年科夫作，1923年。

但是，幸运的是，她从未见过我，也根本不知道我的存在。因此，据说这封电报引起了一场风暴，还有一个充满蔑视的回复："我收到了一封电报，应该是你的女仆别尼斯拉夫斯卡娅发的。她说让我不要往博格斯拉夫胡同发电报。难道你换地址了？请你发封电报解释一下。非常爱你。伊莎多拉。"

谢尔盖·亚历山德罗维奇一开始还笑呢，很高兴我的电报带来了这样的效果，使邓肯彻底失去理智，以至于开始骂人了。他确信，这是她的最后一封电报了。但是，后来他突然害怕起来，担心她回到莫斯科后会突然闯到我们在尼基塔大街上的住处来，大吵大闹、伤害我。

"您不了解她，她什么事都做得出来。"他一遍又一遍地说。

邓肯回来的日期越来越近了。谢尔盖·亚历山德罗维奇十分恐慌，想找个地方藏起来，消失不见。这时，他恰好收到了克柳耶夫字字血泪的一封信：说他和叶赛宁的老师，在彼得堡马上就要死掉了。谢尔盖·亚历山德罗维奇马上就跑到那里去了。走的时候，他请求我把他的所有东西都从博格斯拉夫胡同搬过来，免得邓肯想起来把它们搬到她自己家去，以此迫使他跟她见面。我一开始并没有急着去做这件事。但是，有一天晚上，卡佳来了，还是像平常一样，开始说些闲话，中途她回到正题说，邓肯第二天就回到莫斯科了。于是，我们决定马上把东西从博格斯拉夫胡同搬到我这里来。一小时之后，东西就都搬过来了。

第二十三章 米克拉舍夫斯卡娅

介绍我和叶赛宁认识的是莫斯科室内剧演员安娜·鲍里索夫娜·尼克里京娜，她是当时著名的意象派诗人阿纳托利·马里延戈夫的妻子。

米克拉舍夫斯卡娅讲道：

我们是在高尔基大街（那时叫特维尔大街）上遇见诗人的。

他走得很快，脸色苍白、全神贯注……他说："我去洗头，召我进克里姆林宫。"他的头发很漂亮——蓬松松的，颜色是金黄色的……他几乎没看我。

这是1923年夏末的事情，他刚与邓肯从国外回来不久。

一整个月，我们每天都见面。在莫斯科市内转了很多地方，也去过郊外，在那里散步好长时间。那是金色的早秋时节，黄色的落叶在脚下沙沙作响……

米克拉舍夫斯卡娅讲到。

“跟您在一起，我就像个中学生……”叶赛宁经常惊讶地小声对我这样说，脸上带着微笑。

我们经常在特维尔大街上的“斯托伊洛·比加斯”诗人咖啡馆见面，两个人坐着，小声交谈。清醒的叶赛宁非常羞涩，他几乎从未当众吃过东西。总是把手藏起来，他觉得自己的手不好看。

关于他对待女人的粗鲁态度，传闻很多。当时，我却一次也没有感受到他粗鲁的样子。

有一天，马里延戈夫、尼克里京娜、叶赛宁和我坐在饭店的“大熊”包房里。

他有点儿不爱说话，一副若有所思的样子……

“我要给您写诗。”

马里延戈夫笑了：

“像给邓肯写的似的？”

“不，我要给她写柔情的诗……”

他写给我的第一首诗，发表在《美丽的田野》(*Красная нива*)杂志上：

蓝色的火焰东奔西跑，
忘记了遥远的故乡。
我第一次歌唱起爱情，
我第一次拒绝惹是生非。

曾经我像一座荒废的花园，
曾经我无比贪恋女人和伏特加。
我喜欢唱歌和跳舞，
毫不可惜地浪费自己的生命。

我只要看看你，
看见你深邃的金栗色眼眸，
就但愿你即使不留恋过去，
也无法离开去找另一个人。

轻柔的步态，轻盈的腰肢，
真希望你坚定的心能知道，
一个流氓是多么会爱，
他是多么善于做个温顺的人。

我愿意永远忘记酒馆，
也愿意不再写诗。
只要让我用秋日的花朵，
轻轻触摸你的双手和秀发。

我愿意永远跟你走，
可以去我的，也可以去你的远方……
我第一次歌唱起爱情，
我第一次拒绝惹是生非。

我第一次近距离看见邓肯。

米克拉舍夫斯卡娅对我们说：

这是一个非常高大的女人，保养得非常好。我自己也挺高的，对她还得仰视才行。她不自然的、戏剧化的样子让我吃惊。她身上穿着白绿色的透明的宽大衣服，衣服上镶着金色的花边，腰间系着带金色流苏的金色细带，脚上穿着金色的凉鞋和带花边的短袜，头上系着彩色石头图案的绿色包头，肩上披着的不知是披风还是斗篷，绿色天鹅绒的。这不是一个女人，而是一个非常戏剧化的国王。

她看着我说：

"叶赛宁在医院里，你们应该给他送水果和鲜花！……"然后，突然一把从脑袋上扯下包头。"已经给米克拉舍夫斯卡娅留下了印象——现在可以扔了！"包头随着她的话音飞到了角落里。

之后她变得随和、生动。你不可能生她的气：她是那么迷人。

"整个欧洲都知道，叶赛宁是我的丈夫，而且他突然开始歌唱爱情——不是为您，不，是为我！以前有不好的诗：你是如此的平常，和所有人一样……这才是写给您的！"

你是如此的平常，和所有人一样，
和俄罗斯其他的百万人一样。

你了解孤独的黎明，
你了解秋日蓝色的冰凉。

我可笑地投入了全部的身心，
我愚蠢地魂牵梦萦。
你真实而严厉的面容，
出现在所有祈祷室的墙上。

我曾经唾弃这些圣像，
我崇拜粗鲁和浪荡公子的喊叫，
可现在心中突然涌出千言万语，
构成最最柔软和温顺的轻歌。

我不想飞向天穹，
那需要花费太多的体力。
为何你的名字如此响亮，
就像八月时节的清凉？

我不是乞丐，我既不可怜，也不渺小，
而且能够在激烈之下分辨出声音：
从小我就懂得讨好，
凶恶的公狗和草原上的母马。

因此，我没有保护好自己，

米克拉舍夫斯卡娅，苏联演员，叶赛宁的情人，“他送给我一束特别漂亮的花和一本杂志，轻轻地，几乎耳语般地说：‘那里有写你的诗。’组诗以短诗《蓝色的火焰升腾而起……》（*Заметался пожар голубой...*）开始。”（选自米克拉舍夫斯卡娅的回忆录）

为你、为她和这一位。
作为不快乐的幸福的抵押——
是诗人的一颗疯狂的心。

因此我无力地倒下，心中忧伤，
好像变成片片树叶，落入斜视的眼睛……
你是如此的平常，和所有人一样，
和俄罗斯其他的百万人一样。

她说了很多，法语夹杂着俄语或俄语夹杂着法语。一会儿讲在国外时叶赛宁从她身边逃走；一会儿讲在演出的时候（哼唱肖邦的曲子），她一边跳舞一边留神听他的尖叫声，嘴里不停地说着带口音的俄语骂人话；一会儿讲白军军官（饭店里的服务员）企图批评他，因为他作为一个俄罗斯诗人，站在了布尔什维克一边。叶赛宁态度生硬地阻止了他们：“在这里，你们是服务员！闭嘴干好自己的活儿得了。”

早就该回家了，可是邓肯不想走，天快亮了，大家把电灯关了，灰黄色的晨光改变了一切。伊莎多拉弓着背坐在那里，看上去苍老而可怜。

“我不想走，我无处可去……我什么人也没有……只有我自己……”

第二十四章 万事天注定

“季娜伊达·尼古拉耶夫娜，我很不好意思给您写信，但我必须这样做。”叶赛宁写给前妻的没有丝毫温情的信是这样开始的。

“事情是这样的：有人告诉我，您说我在损害您孩子们的名声，所以您打算给他们改姓。”

叶赛宁不羁言行的传闻不可能传不到梅耶霍德家。因为他们并没有向孩子隐瞒叶赛宁是他们亲生父亲的事实，所以，母亲试图保护孩子不受流言干扰是可以理解的。

> 我的姓氏不是只属于我一个人。您的声明令有些人感到不安和气恼，因此，我请求您把塔尼亚的姓改了，如果她觉得这样更好的话，而且请您永远也不要想起和评论我的名字。
>
> 给您写这封信，是因为我看得出来：我们之间有一个打不开的死结，迫使我们还得偶尔接触，那就是我的姓氏。
>
> 我完全不想改变使您孩子名声受损的行为方式，所以我请求您，把我的名字换成对你们更方便的别的名字，因为，我再说一遍，我有兄弟姐妹，他们和我有着同样的姓氏，而您的那些声明，就像您对萨哈罗夫所做的事情一样，引起了

家人对我的不满和抱怨，说我允许像您这样的声明侮辱他们的名声，这让他们感到痛苦。为了让我们之间别再有任何的芥蒂给您批评我和给我抱怨您的理由，我请求您：别说我的任何坏话，改了塔尼亚的姓，我不打算对您发火、说任何使您感到不快的话，所以您更要这样做。

C. 叶赛宁

季娜伊达·赖赫究竟对萨哈罗夫说了什么，不得而知，不过女儿的姓并没有改。但是，从那时起，这对前任夫妻之间的关系就变得十分冷淡，叶赛宁只和孩子们见面。

回忆中眼前总是出现这样的画面：我们家的厨房里，父亲和母亲之间进行着一场激烈的公事公办的谈话。谈话的语气十分生硬。当然，具体内容我不记得了，但是，当时的情形是很有特点的：叶赛宁站在墙边，身穿大衣，手里拿着帽子。他很少有机会开口。母亲因为什么事情责备他，他为自己辩解。梅耶霍德不在。我想，是母亲让他离开的。几年之后，我读到了下面这几行诗：

您还记得，
您当然都还记得，
我靠着墙壁
站着的情景，

您激动得走来走去，
对我说着
一些生硬的话语……

……于是，我幼稚地问妈妈："怎么，这写的是那次的事情吗？"母亲笑了笑。很可能，见面时这种谈话性质和语气，对于作为我父母的这两个人来讲，是习以为常了，因为他们的个性都太强了。

第二十五章 请原谅我的吵闹

A.K.沃隆斯基在自己的回忆录《怀念叶赛宁》(*Память Есенина*)中写道：

一个寒冷的冬夜，好像是在特维尔大街上，斯托伊洛·比加斯咖啡馆旁边，我看见他从雪橇上下来。他戴着圆顶高帽，肩上披着几乎垂到地面的普希金式披风。

披风滑下去了，叶赛宁努力用它把自己包裹起来。那时他还是清醒的。他这身奇特的装扮让我感到十分吃惊，我问他：

“谢尔盖·亚历山德罗维奇，这一切是什么意思？为什么装扮成这样？”

他笑了笑，笑得有点儿漫不经心和顽皮，简单而质朴地回答说：

“我要学世界上最好的诗人——普希金。”然后给车夫付了钱，又加了一句：“我觉得很无聊。”

他给我的感觉像一个任性的、受了委屈的孩子。

我还记得叶赛宁生病时，有一次伊莎多拉来看望他的情

很多女人爱过我，
我爱过的女人也很多，
难道是因为
这个魔鬼教我养成了喝酒的习惯？

《我还从未如此疲惫……》

(*Я усталым таким еще никогда не был…*)

景，当时我在场。

C.M.戈罗杰茨基[①]也加入了谈话。

她来的时候围着围巾，焦急不安，拿着一包食物和橙子，一来就用自己的红围巾把叶赛宁裹了起来。

我就给他画了一幅裹着红围巾的画像，他给这幅画取名为“在杜妮卡围巾的包裹下”。在这次平常的家庭聚会中，我好像能特别明显地感觉到他们的爱情。

不过，那时爱情已经被践踏得支离破碎，而邓肯还试图说服叶赛宁跟她一起出国。这次是永久性的出国。这时，他的诗已经有了外文译本，国外的人们也了解他、喜欢上他了。如果邓肯的坚持能够取得成效，那么真不知会是什么情况。不用说美国和巴黎，就说柏林，那时柏林有很多散居的俄罗斯人，说不定他能适应那里的环境，因此……就能活下来……据许多曾在叶赛宁身边的人讲，生前的最后一年他不是说要移民，就是想念农村，幻想着离开。

亲爱的加利亚！一千次地问候您！请原谅我没给您写信。天气很糟糕，心情也一样坏——因为没有钱。最近我能拿到钱。

① 谢尔盖·米特罗法诺维奇·戈罗杰茨基（Сергей Митрофанович Городецкий，1884—1967），俄国诗人。

1924年5月初，叶赛宁在列宁格勒给加利亚写信。

最难过的主要是因为我现在胖得要命，衣服都不合身了。衬衣也不得不拆开重缝。鬼知道这是怎么回事！早晨不出一身汗根本穿不上鞋。一句话，我变得跟萨哈罗夫差不多了。

我亲爱的！请您到普利博鲁德内①那里去取我的集子，然后自己选出500行用作诗选。把稿子交给克雷奇科夫，收取200卢布。

让那个普利博鲁德内把梳子还回来。我这样做都是因为迷信在作怪。还有，让他改掉偷亲近人东西的坏习惯!

这里必须解释一下：在上一封信，即1924年4月28日加利亚写给叶赛宁的信中，她曾经抱怨：

这段时间，除了丽塔、卡佳和普利博鲁德内（顺便说一下，他可能把您的梳子偷走了，至少梳子现在不见了，别的东西我都抢救过来了，我把它们都拿到尼基塔大街我住的地方了），我谁也没看见。

真的！“斯托伊洛”的情况不妙。马里延戈夫要去巴黎了，得由我或者您来收场，这个贼还不如普利博鲁德内。衣冠禽兽更危险，所以关门也没用——这下您可有的高兴了！

①伊万·普利博鲁德内（Иван Приблудный，1905—1937），原名雅科夫·彼得罗维奇·奥夫恰连科维奇（Яков Петрович Овчаренко），俄国诗人。

可是，我的钱在哪儿呢？

下面的后几行是对加利亚1924年4月26日的回信，在那封信中她告诉叶赛宁：

钱的情况是这样的："斯托伊洛"破产了，正在拍卖，钱最终也没给我们，不得不用国家出版社的钱——我和卡佳都需要钱，还要给梁赞家里寄钱和还债。

我不是为这帮坏蛋创办这个协会的，请您给沃隆斯基打个电话，让他下指示给我预付款。

请往他家里打电话，他10号就要去高加索了。

爱您的谢尔盖·叶赛宁

给热尼亚（Женя）、丽塔、别尔吉娜娅（Берзиная）和瓦尔丁[①]带好。

与马里延戈夫的关系也破裂了。与季娜伊达·赖赫分手的怨气、对邓肯无休止的攻击、对叶赛宁妹妹卡佳轻蔑的态度，都令人难以忍受。那一年，马里延戈夫忙着自己结婚的事，忘记了朋友的嘱托，没有去帮助加利亚。于是，美丽的米克拉舍夫斯卡娅了解自己心目中英雄的性格的时候到了。

---

①伊拉里昂·维萨里奥诺维奇·穆格拉泽（Илларион Виссарионович Мгеладзе，1890—1941），笔名伊利亚·瓦尔丁（Илья Вардин），俄国文学家、批评家、政论家和政治活动家。

米克拉舍夫斯卡娅写道：

叶赛宁打电话约我见面，他拿着一本杂志在咖啡馆等我。

我迟到了一个小时，在班上耽误了。我到的时候，他很不清醒，这是第一次在我面前出现这样的情况。他也第一次当着我的面与别人打了架。

叶赛宁郑重其事地把杂志递给我。我们坐了下来，旁边桌子上的人大声地谈论着我们，诗人一下子跳了起来。一个穿着皮夹克的人操起了纳甘式转轮手枪。打起来了，这让周围的人非常高兴……

随着一声声喊叫，叶赛宁似乎醉得越来越厉害。他的妹妹卡佳突然来了，我们两个人一起抓住他的手。他直瞪瞪地看了看我们，笑了。我们把他带走，送回家在床上安顿好，我非常难过。这算什么啊！叶赛宁睡觉的时候，我坐在那里看着他哭。马里延戈夫“安慰”我说：

“唉，您就跟个中学生似的！您以为您能改变他！可他不需要这个！”

我明白，不需要去改变他！只是应该帮助他做他自己。我做不到这一点，我不得不花太多的时间在赚钱养家上。

对我的困境叶赛宁根本不了解，我靠演出赚钱。

我们继续见面，但已经不是每天见面了。“锐角”剧院的排练开始了。

读叶赛宁书信的时候，你不自觉地感受到一种莫名其妙的痛苦，感觉到书信体对他是多么的不合适，满篇都是一些干巴巴的指令，甚至与女人通信的时候，也无论怎样都浪漫不起来。叶赛宁真正的书信是他的诗歌。

我和叶赛宁见面越来越少了。

有一次，他在街上看见我，就从出租马车上跳下来，跑到我身边。

“我和您已经把我们的一生都过完了。我写了最后一首诗：

夜晚皱起了黑色的眉毛。
不知是谁的马在院子里。
难道不是昨天我在醉酒中毁掉了青春？
难道不是昨天开始我不再爱你？
别轧轧作响，迟到的三驾马车！
我们的生命飞逝而去没有留下痕迹。
也许，明天医院的病床
会让我永久安息。
也许，明天完全是另外的样子。
我会完全治愈，潇洒地离去，
去听细雨和稠李的歌声，
那健康人赖以生存的东西。
我会忘记那阴郁的势力，
它们曾折磨我，差点把我毁灭。
我不能忘记的只有你。

谢尔盖·叶赛宁、伊万·普利博鲁德内、格里戈里·什梅列尔森[1]、沃尔夫·埃利希[2]、弗拉基米尔·里奇奥吉[3]、谢苗·波洛茨基[4]，列宁格勒，1924年。

①格里戈里·什梅列尔森（Григорий Шмерельсон，1901—1943），俄国诗人，列宁格勒意象派文学小组的成员。——译者注

②沃尔夫·埃利希（Вольф Эрлих，1902—1937），俄国诗人。——译者注

③弗拉基米尔·里奇奥吉（Владимир Ричиотти，1899—1939），原名列昂尼德·图鲁托维奇，俄国诗人、散文家。——译者注

④谢苗·波洛茨基（Семен Полоцкий，1905—1952），俄国诗人、作家、编剧。——译者注

温柔的面庞！亲切的面庞！
即使我会爱上别人，
但是，和她，我心爱的另一个女子，
我也会讲起你，亲爱的你，
说我曾称呼你为亲爱的。
我会讲我们过去的生活，
那没有成为过去的过去……
难道你是我的冤家，
瞧你把我变成了什么样子？”

像从前所有时候一样，他轻轻地读完全诗，又重复了一句：“我们的生活，那没有成为过去的过去……”

诗人就是这样告别的，他们常常很少说话，但是，往往会做出一些毫无意义但漂亮的举动，鲜明地表现出他们是天才。

米克拉舍夫斯卡娅讲道：

1924年10月3日，早上八点半我就被吵醒了，叶赛宁来了。我们见面已经非常少了，但是，对他的担心却更加强烈。他站在那里，苍白消瘦。

“今天是我的生日。我想起了去年的今天，就到您这儿来了……祝贺……我要被派往意大利。如果您去，我就去。”他看上去疲惫不堪，一副病容，声音是嘶哑的。

我们走在街上，样子很奇怪。他后脑勺上扣着圆顶高帽

（看得出来，是为了生日又戴上的），一只手上戴着细软羊皮手套。我光着头，穿着大衣，大衣外面披着围巾，光脚穿着皮鞋。但是，他比我有心计，他把我带到花店，给我买了一大篮子菊花，然后把我送回了家。

“请原谅我的吵闹……”说完就走了，不知去了哪里。

第二十六章 精疲力竭

叶赛宁没有钱、居无定所、加林娜对他过度保护、与崇拜他的女人交往又找不到任何共同语言，所以他很痛苦。他想庆祝创作纪念日没被允许，想出诗人杂志又没有钱。与自幼就习惯于从剧院经理那里榨钱的邓肯不同，叶赛宁不是一个管理者，他通常不好意思求人，更不用提给自己要钱了。

从国外回来之后，他在金钱问题上陷入窘境（要不然他也不会想着让苏维埃人民委员会给他钱办纪念活动）。

加利亚讲道：

有时感觉好像不能摆脱债务的纠缠了。他从国外回来时身体有病，心情烦躁。他应该好好休息和治疗，可是钱只能从“斯托伊洛”来。

他那时不能像平庸作家那样跑编辑部、安排自己的事情，而且这压根儿也不是他该做的事情。

人们经常说诗人“不是来自凡间的人”，同时还塑造出一个头发长长、仰视天空的甜美形象，说诗人生活在幻想和想象之中。我不知道别的诗人是什么样子的，我只知道一点——谢尔盖·亚历山德罗维奇不是这样一个长着非人间眼睛的甜美幻想家，但同时也很难用语言形容到处弄钱对他来讲有多么痛苦。他的骄傲使他不能接受失败和被拒绝，因此，出发去编辑部的时候，他所有的神经都紧张起来，生怕遭到拒绝。为此，必须把自己的心理调到另一个频道。

人们在谈论他、写他、回忆他——说他有多么狡猾、机灵，多么善于抓住无所不能的编辑、出版商等人的心。可这时他们忘记了谢尔盖·亚历山德罗维奇甘拜下风、无法捍卫自己利益的时候，比如，把自己的作品卖给国家出版社时，他几乎看都没看，就打算在合约上签字，全靠他的妹妹叶卡捷琳娜·亚历山德罗夫娜和诗人纳谢德金[①]（一个在这方面非常实际和经验丰富的人）才从国家出版社拿到了一万卢布，而不是他差点儿同意的6000卢布。

同样的事情也发生在《安娜·斯涅金娜》（*Анна Снегина*）身上【要不就是《波斯组诗》（*Персидские мотивы*）——我记不清了】。我与私人出版商伊·比尔林（И. Берлин）谈好，把这个作品以1000卢布的价格卖给他。我把这件事先告诉了谢尔盖·亚历山德罗维奇。可是，比尔林来找谢尔盖·亚历山德罗维奇，又开始谈这书的出版事宜。谈话结束时，他给这本

---

①纳谢德金·瓦西里·费奥多罗维奇（Наседкин Василий Федорович，1895—1938），叶卡捷琳娜·叶赛宁娜（卡佳）的丈夫，俄国现代诗人，1923—1928年为“山隘”小组成员，早期创作受叶赛宁的影响。

书出的价钱不是1000卢布，而是只有600卢布。谢尔盖·亚历山德罗维奇怯生生地、犹犹豫豫地、非常窘迫地同意了。我只好参与谈话，提醒说，事先已经约好这本书1000卢布了。于是，谢尔盖·亚历山德罗维奇支支吾吾地说：

“是，我还是觉得600卢布有点少，应该再多些！”

我把别尔林请出房间，单独跟他谈了稿费的问题，然后回到房间。

“谢谢您，加利亚！您今天救了我！要是我就不会跟他再谈，600卢布就把东西给他了。您都亲眼看见了——我没用，不会说话。您觉得，没人骗过我吗？就是这样，如果不行，我就惊慌失措。这对我来讲很难，尤其是现在。我不能想这事，所以才把所有事情都交给您办，现在卡佳长大了，让她做这个事吧！我来写东西，您和卡佳去和编辑、出版商谈事！”

他知道和明白的只有一点：他把诗歌给人发表得收钱。研究那些财会和编辑——跟哪个人该怎样讲话，让人家别骗你，到时候就把钱付了——对他来讲太难了，也消耗了他的很多精力。

我们三个人（我、卡佳和谢尔盖·亚历山德罗维奇）不得不一起住在一个小房间里，而从1924年秋天开始，又来了第四个人——舒尔卡[1]。

①舒尔卡（Шурка），全名为亚历山德拉·亚历山德罗夫娜·叶赛宁娜（Алексардра Александровна Есенина，1911—1981），叶赛宁的小妹妹。——译者注

换言之，叶赛宁不仅自己搬到了加利亚家，还把自己的两个妹妹也迁到了那里！

可是我们家的住宿条件差得简直就是没法说。我的房间里住着我、谢尔盖·叶赛宁、克柳耶夫、加宁[①]和另外一个人，隔壁那个又小又冷的房间里，那个散了架的行军床上还会住着谢尔盖·亚历山德罗维奇顺路带回来的某个人或卡佳。稍后的1925年，情况发生了一点儿变化：一个房间里住着谢尔盖·亚历山德罗维奇、萨哈罗夫、穆兰[②]和博尔多夫金[③]，隔壁之前那个女主人一个人住的小破房间里，现在是床上住着女房东本人，地板上住着很多人：靠窗的地方是她妹妹，墙和床之间的地方都给我们——我、舒拉和卡佳，而且我们几个之中最靠边的那个得有一半的身子在床底下。

谢尔盖·亚历山德罗维奇经济有多么困难，真是难以用语言描述。《聚光灯》(*Прожектор*)、《美丽的田野》和《火花》(*Огонек*)杂志都能按时付钱。但是，给杂志发表的只是新诗，可这些钱不可能够用。《美丽的田野》的付钱情况特别不好，差不多得每天往那里跑（而经常连坐有轨电车的钱都没有），这样才能最终赶上财会有钱的时候。而且还经常分期给

---

①阿列克谢·阿列克谢耶维奇·加宁（Алексей Алексеевич Ганин，1893—1925），俄国诗人、散文家，叶赛宁的好友。

②康斯坦丁·米哈依洛维奇·穆兰（Константин Михайлович Муран，1895—1938），俄国记者、诗人、作家，在1925年5月12日写给别尼斯拉夫斯卡娅的信中，叶赛宁称他为“我的巴库朋友”。

③瓦西里·伊万诺维奇·博尔多夫金（Василий Иванович Болдовкин，1903—1963），苏联驻德黑兰使馆的武官（1923—1928）、外交使节、叶赛宁的好友。

钱，每次30卢布，可那时候，欠债越来越多，农村[1]需要钱，谢尔盖·亚历山德罗维奇也经常要求汇钱给他。情况是这样的：有时，我只好用我个人的工资来救我们的急，可是，我赚得也不多：70卢布左右。固定的“被赡养人”一共有四个（父母和两个妹妹），而且他们散居在不同的地方：父母在农村，两个妹妹在莫斯科，而谢尔盖·亚历山德罗维奇在整个苏联漫游。

的确，与邓肯分手后，叶赛宁的境况并不好：身无分文、无法居住的居住条件——不仅不能写作，连喘气都费劲。最主要的是，加利亚不知为何，把叶赛宁想象成她自己不可分割的一部分。

在与叶赛宁的关系中，她自认的角色不仅是叶赛宁的朋友，而且是唯一的朋友。而对于叶赛宁来讲，人格和创作上的独立是最高价值之一，他总是在捍卫这种独立。

加利亚最好的女友亚娜透露了一点儿秘密：

Г.А.别尼斯拉夫斯卡娅绝对的自我牺牲、她对叶赛宁义无反顾地忠诚与爱恋，有时会走向自己的反面。她的回忆录之所以有一定的意义，在某种程度上是因为，借助于这些回忆，人们可以更好和更充分地想象诗人不得不很长时间生活在其中的环境，以及他所有的朋友、熟人所受到的冷遇。

---

①指叶赛宁的老家。——译者注

本质上讲，Г.А.别尼斯拉夫斯卡娅的这些观点从她描写所有熟人时的极端主观的态度上也能看得出来。她用很大的篇幅讲述叶赛宁周围的所有人如何想方设法试图破坏他们之间的关系、把叶赛宁从她身边夺走。她责怪意象派诗人们、П.В.奥列申和А.А.加宁、Н.А.克柳耶夫、А.М.萨哈罗夫、甚至还有诗人的妹妹叶卡捷琳娜·亚历山德罗夫娜这样做。Г.А.别尼斯拉夫斯卡娅病态的主观想法在回忆录里，也在她对А.К.沃隆斯基、Н.А.克柳耶夫、А.邓肯、И.瓦尔丁和其他人的描述中留下了明显的印记。当然，在阅读她的回忆录时，必须总是要考虑到这一点。

1924年4月6日，莫斯科。
加利亚给叶赛宁写信：

谢尔盖·亚历山德罗维奇，亲爱的，我的好人，我的亲人，请您认真、用心地读完这封信，好让我所写的一切对您来讲都不仅仅是一些词语和句子，而是真正地进入您的心里。因为您现在变得盲目，不能真正地看见和感受任何人的存在，无法接近您。因此，与您说话(是说话，而不是交谈)非常困难。您听而不闻，您虽然在听，可我看得出来、感觉得到，您想快点儿结束谈话。您知道吗，好像您与这个世界之间隔了一层玻璃，您在玻璃的后面。因此，您觉得您什么都能看见、什么都能明白，可实际上您并没有和我们在一起。您完全是一个人，孤孤单单，在玻璃的那一面。要知道，仅仅看见是不够的，还应该亲身感受这个世界，而实际上您对什么都视若无睹。您的确既不了解人，也不了解人事。而除了您的自我意识和您的世界感受，对您来讲什么都不存在。您孤独得可怕，尽管您常说："是的，加利亚是我的朋友""是的，某人对我非常好"。可是，您只是感觉到自己的存在这还不够，还应该让您感受到一点儿我们的存在，哪怕只是一点点，但是，应该感受得到。您现在有点儿"不真实"。您总是不在。您别以为这样是应该的。您完全封闭了自己，所有时间都在揣摩自己的心思、自己的感觉和感受。您能看见别人是因为您能在他们身上看到对您的自我探寻的反映。您看看，您对所有与您的观点和观念不同的一切是多么的无法容忍。您这不是普通的发火，而恰恰是不能容忍。您不再考虑与您的观点冲突的观点。因此，您认为每一个不理解您和不同意您观点的人都是愚蠢的。虽然您从前也不止一次与人争吵，而且还很激烈，但是，您那时还会站到对方的角度去考虑问题，去弄清楚为什么别人会那样想，而不是与您的想法一样。您这是一种病态，这毫无疑问与您现在的总体状况有关。您身上有什么东西衰退了，您也脱离了这个活生生的世界。对您来讲，世界就像您应该走的街道：有肮脏的，有整洁漂亮的，但是，这一切都只是走路而已，而不是什么特殊的东西。您机械地走过，要是碰到脏东西，您就发火，要是碰不到，您甚至都发觉不了自己是怎么走过去的。您漫不经心地走在生活之路上，看不见任何人和任何东西。如果这样下去，您是摆脱不了您当前的处境的。如果您想要摆脱这种处境，那您就要稍微改变一下自己，别说："这不是我

“……这样地爱，这样没有回报地爱，难道有这样的事情？可我就是爱，无法改变；这比我、比我的生命更强大。如果需要为了他毫不犹豫地死去，而同时又能知道，他得知我为他而死后会温柔地一笑，那么，死亡也是一种幸福……”（摘自加利亚的日记）

的事！”这是您的事，因为任何人都不能代替您做好这件事，就是不能。您对人的所有感觉都迟钝了，您要多注意这个。请把这个魔鬼从您的心里赶出去，而您是能做到这一点的。您不是已经发现了，杜罗夫（Дуров）一只海豹也没有驯养，传到您耳朵里了。可是，您却不想看见别人。我本人就是个例子。您对我好，相信我。但您可曾试过用一个眼角看我一眼？而我现在处于一种边缘。再过一小段时间，我就会承受不住与您和为您而进行的这种斗争……您自己也知道，您不能。对此，我与您一样清楚。为了帮您挣脱出来，我在四处碰壁，可您呢？想走了，就动一动身子，然后就鄙视一切、鄙视所有人。“我想要这个……”（这不是责怪您，只是我想让您明白您的状况。）您可能在一日之内毁掉斗争得来的一切，而这会使人不知所措，让人不得不再重新来过，可是，关于这一切，您一会儿都不想。我很直接地告诉您，像我的这种忠诚，即无私的忠诚，您未必会找得到。您为什么不珍惜这个？为什么不想保全我？实际上我很强壮，如果处在我的位置，卡佳和丽塔早就垮掉了。但我还是已经坚持了七个月，我再坚持一两个月，然后肯定就“完蛋”了。可我还能对您有用，就算作为一个朋友。卡佳她可以去割断您敌人的喉咙，但是，您更需要的可能是我，而不是她。为了您，她可以片刻忘掉自己，而我之所以想着我自己，只是为了能够不倒下，为了能够坚持到底。而现在我几乎坚持到底了。我举步维艰，但是，只要您不嫌弃，我将来还会有用。无论您将来把如此艰难才安排好的东西破坏到什么程度，我都能承受。我毫不顾忌地这样不停地写对您的看法都是故意的。请您理解，请您努力理解并且帮帮我，而不是把我向更坏的方向推。不过，这根本不意味着只要离开我就行了，这样对我不会更好，只会更糟。这就是说，您应该要求自己考虑我们，而且不仅是形式上的（“这样不好”），而是真正地考虑，即考虑的不是礼节和礼貌，而是别人的心，那些您至少还珍惜的人的心。您完全不像您表现出来的那样软弱。别因为境况令人绝望就躲起来。这什么用也没有！别偷懒，稍稍改变一下自己，否则以后还会更难…… 请利用您所拥有的，而不是去毁坏它。这些天我忙得团团转，不是去找医生，就是去《火鸟》（*Птица*）杂志社，今天我去了米沙（Миша）那里，因此没来得及去找您，可您这时却走了。我该怎么办，因为我没法同一时间去两个地方。

亲爱的加利亚！请原谅我用这样的纸写信，实在没有更好的纸[①]了。

叶赛宁1924年4月15日写给加利亚的信是这样开头的。

对于我的不辞而别，我非常非常抱歉。我离开是因为，我担心对我来讲，彼得堡比克里米亚还遥远。

亲爱的加利亚！我非常爱您，也非常珍惜您。因此，别把我的离开当作因为无所谓才对朋友随便做出的一件事。亲

①信是写在从账本上撕下来的纸上的。

爱的加利亚！我再对您说一遍，您对我来讲非常非常珍贵。而且您自己也知道，如果没有您的帮忙，我的命运要有很多的悲惨之处。现在我决定留在彼得堡生活。

我不想知道什么克里米亚①。

亲爱的，请告诉瓦尔丁和别尔金娜，让他们相信，我没有令人唾弃地对待他们的关心。

他们对我的关心一直让我非常非常开心，但是，我根本不需要什么治疗。

如果您有时间，请您来一趟，把那个大皮箱给我带来，要不您就让普利博鲁德内或丽塔带着箱子来。

也问候您，我的爱！

真的，我对您的感情比我对其他女性的感觉要好得多、多得多。即使没有这些，您在我的生命中也是亲近得难以表达。

期待您的来信、您的到来及其他的一切。

请把从国家出版社拿来的钱收好。

爱您的谢尔盖·叶赛宁

这一晚过得非常好。我差点儿应付不过来。

只有在他接近了光亮之后，才能发现他这些年的变化有多大。

①加利亚和瓦尔丁花了不少力气，想送叶赛宁去克里米亚治疗。

弗谢沃洛德·罗日杰斯特文斯基讲道：

对着我们的是一张浮肿的、像是扑了很多粉的脸，眼睛暗淡，眼神忧郁。叶赛宁沉重的眼皮和嘴边两道深深的皱纹让我感到震惊，以前这些都没有。

痛苦而疲惫的表情一刻也没有离开叶赛宁的脸，即使他在笑或者是在生动地讲述自己的国外旅行时也一样。

讲到最激动的时候，他从口袋里掏出一包崭新的香烟，想用指甲尖撕开烟盒的外包装。他的双手颤抖得十分明显，所以在场的人不得不上前帮他的忙。

亲爱的加利亚！请您让什梅列尔森带一件大衣、几件衬衣和一套双排扣的西服过来。

C.叶赛宁

1924年4月26日，列宁格勒

A.Я.泰罗夫[①]携室内剧院来到了涅瓦河畔。他从安格列杰尔宾馆给我打电话说，等我去吃午饭，到时伊莎多拉·邓肯也来。

H.H.尼基京斯基[②]讲述的这件事情又把我们拉回到本书的主题——

①亚历山大·雅科夫列维奇·泰罗夫（Александр Яковлевич Таиров，1885—1950），俄国导演、人民演员（1930），从1905年开始进行编剧活动。

②尼古拉·尼古拉耶维奇·尼基京斯基（Николай Николаевич Никитинский，1895—1963），俄国作家、戏剧家、编剧，斯大林奖金获得者（二等奖，1951）。

叶赛宁和邓肯的爱情。

我特别想去。我平生从未见过她。但是，这时叶赛宁就坐在我身边，于是，我告诉泰罗夫，叶赛宁在我这儿。

“你想带他来？看在上帝的分上，不要带他来。别叫他来，会打架的。伊扎多拉和他完全断绝了来往。”

顺便说一句，所有与邓肯关系亲密的人都叫她伊扎多拉，叶赛宁也是……这才是她的真名。

叶赛宁就坐在电话旁边，于是，他开始恳求我带他去。我一直反对，但是，最后的结果还是如他所愿。

在泰罗夫的房间里，叶赛宁并没有能接近伊莎多拉·邓肯。造成这种情况的原因还有一点，就是除了泰罗夫、A.Г.科宁[①]和邓肯，餐桌边还坐了市内剧院的一些男女演员。他被湮没在他们中间，无人注意。

我看着邓肯。坐在我眼前的是一位中年妇女，我后来才明白——这是秋天的形象。伊莎多拉身穿一件暗色的，好像是樱桃红色的厚厚的天鹅绒连衣裙。一条长长的薄围巾裹在她的脖子上，没有任何珠宝首饰。尽管如此，她给我的感觉仍然像《哈姆雷特》(*Гамлет*)中的乔特鲁德(Гертруда)王后。她身边的叶赛宁看上去像个小男孩……但是，最后的结果是这样的：没有等到午餐结束，叶赛宁就突然神秘地消失了，像幽灵一样。莫非他到这里来，只是为了能与伊莎多拉

---

①阿丽萨·格奥尔吉耶夫娜·科宁(Алиса Георгиевна Коонин，1889—1974)，俄国演员，俄罗斯苏维埃社会主义共和国人民演员(1935)，A.Я.泰罗夫的妻子。

一起呼吸半个小时同一种空气？……

我觉得，最后一句话是非常准确的。失去邓肯的同时，叶赛宁也失去了整个人生的爱，此后他什么也没有得到。与米克拉舍夫斯卡娅的浪漫约会、编辑部的奔波，有过、也还会有别的女人，但是，在H.H.尼尼基京斯基所描述的情景中，叶赛宁甚至没有尝试去与邓肯交流，这并非偶然。这两个人不需要语言。他来了，看了看她，真正与她一起呼吸了同一种空气，这就够了……悲伤、凄惨，但是非常美。

你的身体和你身体的颤抖，
打开了别人的嘴唇。
有些麻木的心灵，
似乎飘洒着霏霏细雨。
好吧！我不怕它。
我发现了另外一种幸福。
走过的路是那么的少。
犯过的错是那么的多。

错的是什么？与邓肯结识，还是与她分手？不得而知……

亲爱的加利亚！什么事也没有，只不过是这样，我骑了一会儿马，把鼻子磕破了。

1924年7月15日，叶赛宁给加利亚写信。

因为这个，我后背弯了（也是因为从马上摔下来导致的）。想了办法复原，但是很难。肋骨扎进去了，表面上根本看不出来，但是，呼吸难受。星期六我去做手术，会卧床两周。

所以，我过得很没意思，只是工作。有时我们会喝点儿酒，但不总喝。我现在非常忙，总是在工作，好像在赶，生怕来不及。很高兴您喜欢村里。因为现在它也不一样了。真是太不像了。

吻您，爱您，C.叶赛宁

轮船在平坦、安静的芬兰湾已经行驶半个小时了。

弗谢沃洛德·罗日杰斯特文斯基讲到。

一群白色的海鸥盘旋着找食物。水上的痕迹像一圈圈的三角形一样，从眼前消失。轮盘单调地拍打着水面。

管理者宣布，该开始事先说好的文学音乐会了。他急急忙忙地召集着参加者，但这远不是件容易的事，因为所有人都分散在甲板上和船舱里。

他跑到叶赛宁身边。

谢尔盖拒绝了很长时间，最后也没有同意。

演出开始了，气氛慢慢活跃起来，特别是在A.H.托尔斯

心，不想冷却，
它忧伤地爱着别人。
和另外一个女人一起回忆你，
就像回忆一本心爱的小说。

泰技艺高超的朗诵之后，他朗诵的是描写俄罗斯移民在巴黎的生活的讽刺故事。所有人都活跃地交谈起来。大家也想起了叶赛宁。于是，奔过去满船地找他。可他却无影无踪。最后，满头大汗、气喘吁吁的管理者在水手舱稍微抬起的护窗板旁边经过时，听到了手风琴声和一个熟悉的嗓音。他从上面往黑乎乎的屋子里看了一眼，看见叶赛宁坐在里面的一张床上，身边围着一群不用值班的水手和司炉工人。他脱下了时髦的西服上衣，解开了衬衫的领子，正在努力地用手风琴弹唱众所周知的一首乡村曲调。他以不同寻常的专注和热情唱着自己的诗歌。他的声音里有着一种令人愉快的沙哑，像平常一样发俄语字母“г”的时候，带着轻微的送气音。唱完一段，他开始急速而流畅地按动琴键，很显然在即兴创作自己的变奏。给人的感觉好像拉手风琴是他喜欢和熟悉的事情。

是我现在轻易没有愿望了吗？
我的生命？还是我梦见了你？
仿佛在喧闹的春日早晨，
我骑着粉色的马儿驰过。

一些人离开沙龙，聚集到甲板上来观看。所有人都默默地站着，生怕一不小心说出一句话来。而叶赛宁没有觉察到头顶上方聚集了令人厌烦的好奇之人，还在通过热烈而奇特的曲调吐露心声。

弹唱之后，他很高兴地在甲板上也进行了表演，一直到彼得宫，他的心情都很好。

亲爱的加利亚！

我的鼻子根本没有事，我不想管它了。这更多的是我的疑神疑鬼夸大了实情。

六七天以后，我就回莫斯科，然后和尼基京一起去梁赞。我真是要命地想钓钓鱼。

我的书出来了。第一份我签名送给您，现在就放在我的桌子上，我亲自带过去。我对您有个很重要的请求。昨天，普利博鲁德内去莫斯科了。问题在于他住在这儿的那段时间，花了我太多的钱。但是，他的粗鲁无礼没有底线。他把我的矮勒皮靴带走了。他不辞而别，因为他拿了钱。通过钱的事，我看出这个人有多么恶劣。他简直跟那个叼着香烟的家伙(很有可能，叶赛宁在这里指的是马里延戈夫)一模一样。

这一切都让我极其痛苦。痛苦还因为他打着我的旗号到处招摇。在这里，他跟所有人都说过，是我把他请来的。说我缺钱，跟所有人要钱，然后给自己做了一套西服。哈哈哈——他可真会花钱。所以我对他说，让他付给我矮勒皮靴的钱。那可几乎是我最好的一双鞋了。他溜掉了，无耻而下贱地溜掉了。请您跟他见一面，跟他要30卢布。我再也不认识他，再也不会理他了。

叶赛宁不会快刀斩乱麻地结束与别人的关系，这次不愉快的事件之后，他又不止一次见过普利博鲁德内。

不要相信他的任何一句话。这个下贱得出卖灵魂的家伙。出于原则，我真想跟他算账，让这个畜生别骗我。

再见了，亲爱的，我写不下去了。痛苦，难过，让人无法忍受。

谢尔盖

1924.7.26，列宁格勒

第二十七章 别尔津——隐形高手

叶赛宁从国外回来并与邓肯结束关系之后，这位诗人的生活中又出现了一位对他的精神状态和创作产生影响的女性，叫安娜·阿博拉莫夫娜·别尔津。别尔津是夫姓，父姓法拉梅耶娃。她在第四军和第十二军当过政治委员，做过第四十四军团政教副主任。国内战争后，毕业于季米里亚泽夫农学院。别尔津与全俄紧急状态委员会和国家联合政治局的某些负责人是朋友，与俄共(布)中央委员会的一个部门领导、叶赛宁的熟人伊拉里昂·瓦尔丁关系亲密。偶尔会以"费拉蓬特·洛日金(Ферапонт Ложкин)"为笔名发表作品。

别尔津第一次见到叶赛宁是在"斯托伊洛·比加斯"咖啡馆，当时，她不喜欢他的放肆无礼。不过，她对叶赛宁的诗歌评价很高，她也明白：叶赛宁是个大孩子，不能批评他的歇斯底里和打架斗殴，就像不能责怪一个孩子的吵闹和任性。他不会明白的，只会躲开众人，坐在黑暗角落里独自饮泣。对叶赛宁应该帮助，必须夸奖和鼓励他，之后，如果有效的话，才可以慢慢纠正他在公开场合的行为。

怎样才能成为叶赛宁的好朋友和信任的人呢？最简单的是当

他的情人和秘书，只是不要像加利亚那样，总是醋意大发和大包大揽。愚蠢的加利亚只能毁掉一切，顺便说一句，所有人都知道，她心理不正常，因此她应付不了很长时间。邓肯的形象也不适合，别尔津尽管身居高位，却与邓肯有着天壤之别。叶赛宁与别尔津的关系发展迅速。在《文学编年史》（*Литературная хроника*）中，别洛乌索夫说，别尔津亲口证实，她收到过诗人的52封信和电报，其中的15封信她于1948年交给索菲亚·托尔斯塔娅保管了。所有迹象表明，叶赛宁那些内容极其私密的信件，此后就永远消失了。

> 您是否有过这样的时候：失去亲近的人以后，多年以后，突然听见逝者的声音，那么清晰，所有熟悉的声调、责怪、微笑和温柔都历历在目……哦，这声音那么生动地让您想起您失去的一切。于是，那个人就站在你面前，他曾经做过的一切也出现在你眼前，你会想起你自己对待这个人的态度，想起早就过去的那个时刻。

别尔津在自己的《回忆录》（*Воспаминания*）中写到。

> 你重又亲眼看见自己年轻的时候，恢复了自己的活力、欢乐和自信，然后又会像从前一样，觉得自己十分勇敢……于是，好想延长这些成为过去的时刻，于是，好想回忆、哭泣和欢笑，好在享受了从前的一切之后，再遗忘一段时间……
>
> 现在很难讲清楚，我什么时候、怎样明白自己的生活之

> 路上出现了一位优秀的诗人。曾经总是觉得我不是特别喜欢诗歌，也不太懂得诗歌，但是，谢尔盖·亚历山德罗维奇的诗我一下子就记住了，没费什么力气。

别尔津很快就认识了叶赛宁身边的人，并和他们成了朋友，成了他妹妹卡佳的朋友，竟然还与狂热爱恋诗人的加利亚找到了共同语言。

> 不记得安娜·阿博拉莫夫娜是怎么出现在我们家里的了。

卡佳回忆道：

> 她淡褐色的头发，蓝眼睛，高个子，总是面带微笑，几乎每天都到我们家里来。她在国家出版社工作，是多方汽车通行点的工作人员，几乎熟悉所有的文学小组，对它们中的每一个都很了解。

叶赛宁突然被提起刑事诉讼时，别尔津赢得了特殊的尊敬和所有人的崇拜，因为她利用自己的关系，坚持将叶赛宁送进克里姆林宫医院住院，使他免于受审。

叶赛宁住院期间，别尔津又果断地做了一件大事，开始了独自一人为叶赛宁争取房子的坚决斗争！

在此之后，别尔津每天都来看望叶赛宁，任何人对此都不觉得惊讶。

安娜·阿博拉莫夫娜·别尔津。

如果哪天不能来医院，她就会寄一封短信过来：

亲爱的谢尔盖·亚历山德罗维奇，今天我单位有事，明天再去。给您带国外的报纸过去，莫斯科的杂志也有。一切都很好。握手。

A.别尔津

尽管如此，加利亚还是警告叶赛宁，要小心别尔津："不要太信赖安娜·阿博拉莫夫娜。这可能会出错，可能是好的结果，也可能是坏的结果。她做过、现在也能做很多好事，但你还是要十分当心。"

叶赛宁记住了这一警告，在高加索旅行期间，他请诗人B.И.埃利希转告别尔津："你就跟她说，我特别相信她，完全相信，但是，我不能听命于她。我不能听命于任何人。"

出院之后，叶赛宁住进了瓦尔丁家。为什么没有去叶赛宁已经与之公开生活在一起的加利亚家呢？为什么没有去诗人与之关系亲密的沃尔平或者丽塔家呢？别尔津和瓦尔丁很清楚，叶赛宁结交了一伙坏人，他们的生活方式是"您的朋友们有些地方不对劲，您在门厅里脱鞋的时候，他们就会把您带来的伏特加喝光"，所以他们尽可能不让诗人重新和以前的朋友联系。此外，这样也方便，现在别尔津可以同时探访叶赛宁、瓦尔丁两人，而不会引起后者夫人的注意。

1924年4月4日，叶赛宁在莫斯科给别尔津写信：

亲爱的安娜·阿博拉莫夫娜！

昨天您突然消失，今天您又不在单位[①]，这让我有些不安。您怎么了？

请写两句话，让普利博鲁德内捎来。现在就剩我们俩了。瓦尔丁的妻子走了[②]。

今天晚上我们没有事，如果能看见您，我会高兴得要命。

如果可以，请您打电话来。给您打电话根本打不通。

吻您的手。

爱您的C.叶赛宁

接下来的内容是普利博鲁德内写的：

好人安娜·阿博拉莫夫娜！等您腾出空来，请到瓦尔丁家里来。今天我们哪儿也不让谢尔盖去。晚上加利亚、卡佳、丽塔和别的人会来。我们要唱歌，您可以嘲笑谢尔盖离开苏联国界的申请。您来吧。您的伊万·普利博鲁德内。

夏天，他们没有见面，只是偶尔通信：

---

①那时，别尔津在国民经济最高苏维埃工作。

②这时，叶赛宁住在瓦尔丁家。

亲爱的安娜·阿博拉莫夫娜！问候您并且吻您的手。

我对您有一个重大请求，安娜·阿博拉莫夫娜！我想再在农村待几天，把盖房子的事情安排好。我非常需要钱，所以我让叶卡捷琳娜带着这封信去找您。请帮她拿到星期六应该给我的钱。对她的委托书我附在这封信后面。村里的天气不太好。因为有风，没法钓鱼，所以我坐在小木屋里，准备把长诗【指的是《关于三十六个的长诗》（*Поэма о 36*）】写完。我们这里的夜晚很美，洒满月光，而且非常奇怪的是，虽然秋天将近，却没有露水。但是，所有这一切都在无爱中消逝，我只能回忆过去。

您怎么样呢？在我回去之前，请给我写几句话，让叶卡捷琳娜带给我。

我会感到高兴和幸福。

再一次吻您的手。

问候瓦尔丁、罗季奥诺夫[①]、弗列罗夫斯基[②]和别列佐夫斯基[③]。

您的谢尔盖·叶赛宁

1924.8.14，康斯坦丁诺沃

---

①亚历山大·伊格纳季耶维奇·塔拉索-罗季奥诺夫（Александр Игнатьевич Тарасов-Родионов，1885—1938），俄国作家。

②伊万·彼得洛维奇·弗列罗夫斯基（Иван Петрович Флероский，1888—1959），俄国革命家、记者。

③费奥克蒂斯特·阿列克谢耶维奇·别列佐夫斯基（Феоктист Алексеевич Березовский，1877—1952），俄国散文家、革命家、党务活动家。

提示一下，1922年8月，叶赛宁父母家的房子烧毁了，新房于1924年9月17日建成。

谢廖扎！您过得怎么样？在做什么？您喝酒和摔伤的传闻传到了莫斯科!!!我不知道这两种说法的真实度有多少。请写几行字告诉我。特别想看见您，如果不能看见本人，能看见您的笔迹也好。如果写字困难或者不想写，那您也别强迫自己。莫斯科一切照旧，人们还在说些闲言碎语、喝酒、恋爱……我谁也没爱。我心甘情愿独守空房……好了，吻您的脖颈。

别尔津

亲爱的、可爱的安娜·阿博拉莫夫娜，我的母亲和情人（上帝保佑，父亲[①]可别吃醋啊）。

叶赛宁在给别尔津的信（1924年8月19日—9月2日之间，莫斯科）中写到。

要是我能给您讲述我知道的关于他的大事就好了！……

亲爱的安娜·阿博拉莫夫娜，您对我的态度就像别人说

①此处指的是瓦尔丁，意象派诗人们通常会互相起外号，叶赛宁称别尔津和瓦尔丁为“母亲”和“父亲”。

的“谁知道算什么”。我爱您爱到发疯，永远都最相信您。①

这一切都很可笑，特别是当“我永远属于您”②的时候。

求您，看在上帝的分上，告诉父亲（瓦尔丁），说我又陷入爱的夜晚了。

向您发誓，妈，我在米克拉舍夫斯卡娅这里。

C.叫赛宁

与别尔津的关系对叶赛宁来讲，没有任何负担，她不要求结婚，同时保护他、帮助他，甚至提供临时住处给他：固定的房子没有得到，因为那时从形式上叶赛宁还与邓肯保持着婚姻关系，而她名下有房产。尽管如此，叶赛宁还是时常说要搬到国外去。他想换个环境，尝试在一个新的地方重新开始。在做长期旅行准备的同时，叶赛宁努力把自己的事情哪怕是相对地安排好。

亲爱的加利亚！我来过了，留下了《山隘》。暂时再没有别的书了，明天会有的。

C.叶赛宁

1924年8月，莫斯科

①1924年8月18日，别尔津给叶赛宁写信说：“这一次瓦尔丁也是正确的——极其正确，完全正确。如果您不觉得困难，如果您同意我们的观点，那么，我也请求您修改。”她在这里指的是И.瓦尔丁给叶赛宁写信，坚决要求他修改《远征之歌》（*Песня о великом походе*）的文本一事——瓦尔丁在信中是这样说的：“我坚决请求您考虑我提出的看法，把结尾改了。勃洛克已经用基督毁了《十二个》（*Двенадцать*），难道您还要用彼得毁了您的好东西？”

②别尔津给叶赛宁的短信中，有一封是这样结尾的：“直到生命最后时刻都属于您的……”

亲爱的、我热爱的阿博拉莫夫娜！

请原谅，请原谅。

我要走了——大概两年。（叶赛宁去了高加索）

不要找我。只是要帮我的忙。应该这样。跟叶夫多基莫夫（我爱他）说一下诗集的事。

我爱你，爱你。

再见了。

谢尔盖

该信的时间不晚于1924年9月3日。莫斯科。

叶赛宁戴圆顶高帽、喜欢穿得花里胡哨已经不是一件可笑的事了，他穿着他那套毫无内涵、化装舞会一般的衣服已经不显得荒唐了。你看不出可笑和自以为是的一面，他的怪癖不惹人生气。既然他想那样，就随他吧。这样的乔装打扮让他高兴——那就让他去装扮，他高兴，这才是主要的……

别尔津这样说。

叶赛宁的微笑愉快而迷人，而他大笑起来像孩子似的，富有感染力。当谢尔盖·亚历山德罗维奇笑的时候，旁边的人会不由自主地想发出温和、柔软的微笑，就好像看一个可爱、快乐的孩子在调皮。

他本人最喜欢各种恶作剧和并不复杂的笑话。他会高兴地跟每个人分享这些，但是并不讨人厌，而只是很开心，而且很容易让自己开心。

1924年10月12日，他从梯弗里斯给她发电报：

问候、爱及其他——叶赛宁。

叶赛宁曾邀请别尔津与他一起去高加索，但是，她当时工作忙，走不开。

谢尔盖·叶赛宁、尼古拉·斯托尔（Николай Стор）、米哈伊尔·塔拉先科（Михаил Тарасенко）、列夫·波维茨基（Лев повицкий）、尼古拉·维尔日比茨基（Николай Вержбицкий）在海边林荫花园，巴图姆，1924年12月。

第二十八章 为情所困

有一种观点认为，叶赛宁是在得知加利亚（那时，他重新回到她身边，与她一起生活）背叛他之后，才下定决心去高加索的。

卡佳回忆道：

谢尔盖出远门的时候，加利亚有时下班回家很晚。但是，他在的时候，她总是准时回家。这一次，不知为什么，她在编辑部耽搁的时间比平时长，到家的时候已经11点了。谢尔盖跟在她身后。谢尔盖很清醒，情绪看上去也很好。吃晚饭的时候，他总是开玩笑，说说笑笑的。加利亚好像对什么事情有点儿羞愧，很少说话。

“是的，你知道，加利亚，我们俩今天在剧院碰见了。”谢尔盖对我说。“你真应该看看她有多尴尬。算了，加利亚，什么不好的事情都没发生！”谢尔盖微笑着，“和您在一起的是波克罗夫斯基吧？”这个消息比晴天霹雳还要让我震惊。在谢尔盖之前，波克罗夫斯基跟加利亚好过。他有妻子，谢尔盖不在的时候，加利亚有时和他见面。这我知道。安宁消失了，谢尔盖又无家可归、孤孤单单了。谢尔盖很快就去了高加索。有一次，他喝醉了以后给我写了一封信，让我赶快离开加利亚。他写道："悄悄地走吧，加利亚有自己的私生活，不应该妨碍她。"加利亚很难过，她辩解说，谢尔盖不爱她。因此，她才和波克罗夫斯基见面。

谢尔盖又回到了加利亚身边（指的是从高加索回来之后）。好像什么都没有发生过，一切都跟从前一样。加利亚认定谢尔盖对之前发生的事没有在意，但是，她错了。

大约是在那个时候，谢尔盖知道了，加利亚不仅作为一个女人背叛了他，而且在他们认识期间，她一直在玩一个双重的游戏。据普利博鲁德内讲，她在卢比扬卡[①]上班，承担重要任务——暗中监视叶赛宁，也可能是她导致了叶赛宁和邓肯的分手！人所共知，伊莎多拉没有适应在苏维埃俄罗斯的生活，一直打算离开。因此，如果叶赛宁一直与她一起生活，可能现在他也正在收拾行囊。

谢尔盖·亚历山德罗维奇气得要发疯，但是，这次他决定尽可能让这个女间谍晚点儿知道他已经了解了她的底细。为了迷惑敌人，叶赛宁绝口不提别尼斯拉夫斯卡娅在卢比扬卡上班的事，与此同时却故意夸大背叛事件：

"您是自由的，您想做什么就做什么，这和我没有关系。我不是也背叛您吗？但是，请您记住——别碰我的朋友们，别损害我的名声，别惹我生气，找谁都行，就是别找我的朋友们。"

①这里指苏联的国家安全机构，包括克格勃。

事实上，诗人的朋友们怀疑别尔津也有点儿像间谍。至少存在过一种观点，认为别尔津好像是遵照上级的指示接近叶赛宁的。的确，所有迹象表明，她本人并未隐瞒下面这一点：无论她给天才的诗人提供任何帮助和支持，上面都开绿灯，只要保证他与苏联政府的联系就行。这可是对他好，如果他回到邓肯身边，她就会把他带到国外去。俄罗斯就会失去一位优秀的诗人，而他在国外会因寂寞而变成酒鬼。在国内则是另外一回事，在这里，加利亚把他所有的手稿都保存得完好无缺，别尔津则帮助他实现他的计划。不喜欢在布留索夫胡同的小房间里住了，瓦尔丁就把整个房间无偿提供给他。你住吧——我不想住了！还有谁会这么幸运？

……有一天晚上就寝时，加林娜发现诗人的妹妹叶卡捷琳娜·叶赛宁娜不知为什么特别紧张，全身发抖(那时，他们一起住在莫斯科布留索夫胡同的一个房子里)。很快，这个小姑娘就承认了：哥哥警告她少说闲话，因为他们的女主人是契卡成员。别尼斯拉夫斯卡娅费了好大力气才安抚住卡佳，使她不再害怕。如果没有后续证明这一插曲对叶赛宁的女性熟人加利亚生活的重要性，那么这个插曲可能就成为永远的偶然了。[①]

下面是加利亚写给埃利希的一封信中的一段话：

是的，我不能不告诉您——普利博鲁德内来过这里(我

① 见B.库兹涅佐夫的《叶赛宁死亡之谜》。

知道，您对他印象不太好，但他还是比别人要好一些）——我们当着卡佳的面谈了话——您还记得谢尔盖说我的那件事吧，谈的就是那个。普利博鲁德内非常直接和诚恳地证实和讲述了事情的原委，所以卡佳确信，那是谢尔盖夸大其词、而不是普利博鲁德内讲的，跟我也没有关系。我奔走了几天，感觉千斤重担从肩上卸下去了，我确信我原谅他是对的，他没有进行卑鄙的报复。我想是这样的。要知道人们怎么想不那么重要，重要的是那是谎言。

加利亚确实是公职人员，她名下的契卡2389号专案卷宗可以证明这一点。不过，埃利希和普利博鲁德内也与国家安全部门合作过。那句“我确信我原谅他是对的，他没有进行卑鄙的报复”说的是普利博鲁德内，而不是叶赛宁——很多历史学家都这样解释。如果加利亚向当局告发叶赛宁，当局就会把他投进监狱或枪毙，那他怎么可能对她进行卑鄙的报复呢？这不合理！如果她告发自己的同事、从1924年开始就在卢比扬卡上班的普利博鲁德内，那么，他过后是可能进行报复的。

事实上，在这里我们更感兴趣的是叶赛宁的恋人加利亚是否真正地暗中监视过他？但是，答案是没有的。

叶赛宁不可能看出来，他的秘书早在他与邓肯认识之前就喜欢穿皮夹克、带纳甘式转轮手枪。下面这两行诗是杰米扬·别德内[1]写给她的：

---

①杰米扬·别德内（Демьян Бедный，1883—1945），俄国诗人。——译者注

眼睛死死盯着每一个走过的勇敢者，
我要大喊："紧急状态委员会万岁！"

而米哈伊尔・斯韦特洛夫[1]给她写的是：

我握住你的手掌——
它宽阔而坚强。
我感觉到你手心里跳动着
契卡不眠之夜的灯光。

如果契卡成员想利用加利亚做他们的间谍，那么，这一使命不见得会带有秘密性质。歇斯底里、容易冲动的加利亚总是把自己的政治倾向表现得清清楚楚。

"加利亚，您非常好，您对我来讲是最亲近的人、最好的朋友。但我不喜欢作为女人的您。您应该生成一个男人，您的性格和思维方式都是男性化的。"叶赛宁对加利亚这样说过。

"叶赛宁，我不妨碍您的自由，您没什么可担心的。"她忍着眼泪悄声说。

叶赛宁告诉她，自己要与索菲亚・托尔斯塔娅结婚，这之后，他们终于彻底分手了。

下面的文字选自加利亚的个人日记：

---

①米哈伊尔・斯韦特洛夫（Михаил Светлов，1903—1964），俄国诗人、戏剧家，列宁奖金获得者（1967年，去世后）。——译者注

主导思想——虽然是后来才出现的——是“作为一个女人我不招人喜欢”。这样说了之后，如果我还屈从于自己的忠诚，那我就是个傻瓜。无论如何，在Л.(不知道此处别尼斯拉夫斯卡娅指的是谁)之前，即使在“背叛”的时候，确切地说是离开谢尔盖的时候，我都是忠实于他的，我总是躲避那些以某种东西引起我兴趣的人(是下意识地躲避的)。我知道，像波克罗夫斯基这样的人，不能剥夺我心中奉献给谢尔盖的任何感情，而且我对波克罗夫斯基没有付出过任何东西，我只不过是从他那里索取了像空气一样必不可少的温暖和温存。唯一的背叛是Л.。这个冬天我明白了，如果说我对谢尔盖的爱胜过一切，胜过爱我自己，那么，我对Л.也不仅仅是欲望。我的上帝，谢尔盖是应该相信我的，也应该稍稍珍惜我，我知道——像我这样毫无私心地爱谢尔盖的人，他再也找不到第二个。可谢尔盖不相信我，不珍惜我。如果我不可能把一切都献给谢尔盖，如果我不可能把自己作为一个女人抛到他的脚下、不可能彻底放弃自己的骄傲，那么，难道可以在不对我做任何付出的情况下，要求我做到这些吗?

这是一封奇怪的信，你看，理解起来好像是加利亚的心在滴血，可是，那又该怎样理解她针对叶赛宁之死所写的下述文字呢:

我记得，一个秋天的夜晚，我沿着特维尔大街去亚历山大火车站。因为谢尔盖·亚历山德罗维奇把我们拉进了一家夜间营业的茶馆，那么，自然地就会谈到他的疾病（叶赛宁和维尔日比茨基走在前面）。那时正是谢尔盖·亚历山德罗维奇处于边缘状态的时期，他自己有时也说，现在无论如何都无济于事了，而且他会马上请求别人帮他摆脱这种状态、帮他与邓肯做个了结。他说过，如果我和阿尼亚[1]抛弃他，那么就没有人可以帮助他了，也就全完了。

但是，既然是她本人公开了这段回忆，就说明她应该明白自己该负多少责任。他已经很明确地让她知道：必须与邓肯分手，但同时又强调，如果加利亚出卖他，就没有任何人能帮他的忙了。难道她以为一个如此自私和容易受伤的人会原谅她？

不过，我们有点儿扯得太远了，暂时，尽管"忠诚"的加利亚背叛了他，还有人怀疑她在暗中监视他，叶赛宁还是需要她的帮助。这是一个秘书和可信赖之人的帮助。叶赛宁身边没有一个人主动要求担当这个角色，别尔津本来就已经很忙了，卡佳和舒拉无忧无虑，头脑简单。因此，叶赛宁认为可以有一段时间装作好像什么都没发生一样。

1924年10月17日，叶赛宁从梯弗里斯给加利亚写信：

亲爱的加利亚！问候您和叶卡捷琳娜。

我待在梯弗里斯。等到巴库的钱寄来，我就出发去德黑

①指安娜·阿博拉莫夫娜·别尔津。——译者注

我的朋友，我的朋友，
我非常非常痛苦。
我也不知道，这痛苦来自何处。
不知是呼啸的风
飘荡在荒无人烟的田野上空，
还是被酒精喷洒的大脑，
像九月的小白桦林……

《黑影人》(*Черный человек*)

兰。[①]第一次想取道塔夫里斯，但是，没有成功。

书您随意处置吧，我附上委托书。我把诗歌寄给您，《远征之歌》改完了。请转交给安娜·阿博拉莫夫娜，并寄给埃利希供国家出版社用。让他们把它和《三十六个》（*Тридцать шесть*）一起发表了。

请给我往巴库写信，描述一下莫斯科的情况。问一下卡津[②]，有什么文学新闻。我自己也不知道什么时候能回去，可能在大冷和下雪之前吧。我和瓦尔丁大约一个月前就分开了。

《三十六个》请在《青年近卫军》（*Молодая гвардия*）上发表，把钱收了。

我觉得重要的是，您能按照我和安娜·阿博拉莫夫娜说过的那样，收集和整理我的文集，以备出版：抒情诗单独一部分，叙事诗也是单独一部分。叙事长诗中第一个是《普加乔夫》，第二个是《三十六个》，然后是《恶棍的国家》，最后是《歌》（*Песнь*）。短小的叙事诗放在最前面。

您过得怎么样？这里虽然不冷，但是，特别让人烦闷。我想到德黑兰再专心写作。为什么这样，我也不知道。

在巴图姆，我接到了波维茨基[③]的邀请信。从波斯回来之

① 波斯（伊朗）之行没有实现，1923年曾在波斯工作的В.И.博尔多夫金写道，诗人向他提了"很多关于波斯的问题。我觉得，波斯让他激动不安，吸引着他"。【《青年信使报》（*Молодежный курьер*），梁赞，1991年12月26日，第76期；"通向叶赛宁的小路"专辑；详见该专辑第1卷，638—642页。】当时，叶赛宁正在写作《波斯组诗》。

② 瓦西里·瓦西里耶维奇·卡津（Василий Васильевич Казин，1898—1981），俄国诗人。

③ 列夫·约瑟夫维奇·波维茨基（1885—1974），俄国记者、革命运动的参加者，1918年，与叶赛宁相识于莫斯科，一直到诗人去世前都与其保持友好关系，1920年春在哈尔科夫和1924、1925年之交的冬季，在巴图姆，两人之间的关系尤为亲密。

后，我去他那里。

奥列申怎么样？沃隆斯基和堕落的意象派怎么样？小酒馆里有什么事情，谁在那里？

请写信告诉埃利希，长诗出版时名叫《三十六个》，而不是《二十六个》。告诉他，我没有给他写信是因为我丢了他的地址。我将把给他的信寄到萨什卡那里。

给我寄两本《酒馆莫斯科》(*Москва кабацкая*)。到波斯之后，我会写得更详细。

亲吻并握您的手，谢尔盖·叶赛宁

1924.10.17

请给我写信，请给我写信。

叶赛宁所说的“小酒馆”指的是“斯托伊洛·比加斯”演艺咖啡馆。在12月15日的回信中，加利亚写道：

……好吧，现在说新闻。“小酒馆”关门了——垮了。萨夫金[1]想出了个主意，把“小酒馆”变成一个剧院——没几天也垮了，现在他也不知道怎样摆脱困境。真可怜他——他还是个小孩子呢，所以才把自己搞得如此尴尬。而格鲁济诺夫现在躲得远远的。马里延戈夫和K什么也不说。在米特拉波

①全名为尼古拉·彼得罗维奇·萨夫金（Николай Петрович Савкин，1900—1970），俄国诗人。——译者注

尔开了一家新咖啡馆，叫“胶皮套鞋”。那里的情况怎么样，我不知道。

亲爱的加利亚！我觉得我不会很快回去。不会很快回去是因为我在莫斯科无事可做。厌倦泡小酒馆了。

在1924年于梯弗里斯写给加利亚的信中，叶赛宁开诚布公地说到。

我要在德黑兰住一段时间，然后去巴图姆或者巴库。

我给您制定了一个编书的清单。按这个顺序编好后，您给它取名《花楸的火焰》(*Рябиновый кострер*)，能卖给谁就卖给谁。先跟安加尔斯基[①]（莫斯科印刷厂）谈谈。

我给沃隆斯基写了信，让他给我妹妹发200卢布。近几天我就把波斯主题的诗寄给她们。大家说这诗很好，我自己也很满意。

我过得十分无聊，您哪怕常给我写写信也好。我找到了一种自我安慰的方式——打台球，我总是输。不久前打扑克赢了1000卢布，可随后就输了1200卢布。这段时间就是不走运。这里的东西贵得吓人，比莫斯科还差，我住在旅馆里。每天消费20～25卢布。总是有客人、客人、客人，真希望有人帮我摆脱他们。主要是他们打扰我工作。

等您收到书钱，如果您能去一趟彼得堡，把我的东西拿

①尼古拉·谢苗诺维奇·安加尔斯基（Николай Семенович Ангарский，1873—1941），俄国革命家、布尔什维克、文学批评家、共产党的文学家。

走，那就好了。我的那条红黑色围巾在伊万·伊万诺维奇那儿，我特别喜欢它。然后，请您清点一下我的内衣。

1924.10.20，梯弗里斯

我不会在萨什卡那里住了。我觉得住在索科洛夫[①]家更方便些。握手。爱您的C.E.

① 康斯坦丁·阿列克谢耶维奇·索科洛夫（Костантин Алексеевич Соколов，1887—1963），俄国画家，谢尔盖·叶赛宁的朋友。

第二十九章 珍贵的回忆

叶赛宁绝口不提伊莎多拉·邓肯和两人不久前的分手，却开始讲述他欧美之行的感受，给我们看他带回来的各种东西，同时一定要说出这些东西值多少美元、法郎或马克："花了这么多！"

B.A.马努伊洛夫[①]写到。

这里有某种天真的夸耀成分，是稍微带一点点自傲和鄙视的对西方现代文明玩具的欣赏。

叶赛宁所有的衣服都是伊莎多拉·邓肯为他定制、购买的。在苏联根本没有这样的东西。因此，他因为喝醉把很多必需的东西胡乱送人之后，对剩下的东西格外珍惜，这并不奇怪。他很愿意回忆哪件东西是什么时候、在哪里买的。觉得自己发胖之后，叶赛宁不得不把衬衣拆开重缝、把其他的

①B.A.马努伊洛夫（B.A.Мануилов，1903—1987），俄国文学家、回忆录作家、编剧、教授、文学博士，以研究普希金和莱蒙托夫最为有名。——译者注

衣物重新改制，这也不奇怪。整个余生，他都将穿着心爱的女人赠送的这些进口衣物，一刻也不能忘掉她。

红黑色的围巾是以前伊莎多拉·邓肯送给他的。叶赛宁甚至冬天也敞怀穿着皮衣，“让红色的围巾飘扬在身后”。也许，正因如此，里奇奥吉才把叶赛宁叫作“极乐鸟”。

他长得很标致，
还是一个诗人，
尽管力气不大，
却机敏灵巧，
一个女人，
四十多岁，
他却叫她坏女孩
和亲爱的姑娘。①

“你喜欢我的围巾吗？”有一次，叶赛宁问И.В.叶夫多基莫夫。

他把围巾往手心里一甩，向前一伸，然后又甩了一下。

“喜欢。”我说：“你的围巾非常漂亮！”

的确，围巾与他特别相配，很和谐地似乎改变了诗人那张苍白的脸。围巾是丝绸的，黑底配红色的罂粟花，罂粟花在围巾的褶皱间若隐若现，似乎是从两边的波纹里伸出一些

①选自叶赛宁的《黑影人》。

花瓣。我用手摸了摸它。

叶赛宁继续高兴地笑着，强调说：

“这是伊莎多拉送的礼物……就是邓肯。她送给我的。”

诗人斜眼看了我一下。

“你知道她吗？”

“怎么能不知道。大约12年前，我常看她的演出，在这里，在莫斯科。”

“唉，这个老太太可真爱我！”叶赛宁痛苦地说。“她还送了我围巾。我现在就给她写信……叫她来，她肯定会马上跑过来，不管她现在在哪儿……”

他又抚摩了围巾几次。

“我要彻底走了，要彻底走了，去列宁格勒，不再回来了。”他接着强调说：“我要写作。我还能写出东西来，能写出来！有些傻瓜……说……叶赛宁完蛋了！可我还能写出来……能——写出来！”

到了巴图姆之后，叶赛宁在当地的旅馆里住了下来。

在著作《生活与创作中的叶赛宁：个人回忆》（*Есенин в жизни и творчестве. По личным воспоминаниям*）中，列夫·波维茨基写道：

几天之后，我去接他，想把他接到自己家里来。我住得离海边不远，在一座不太大的房子里，周围绿树环绕，还有一个果园。

永远像过节一般的梯弗里斯的生活是热闹喧哗的，叶赛宁的“引路人”维尔日比茨基和索科洛夫带来了这种生活的余音——而这种生活已经不是叶赛宁所喜欢的了。他正在准备进行严肃的工作，巴图姆正好给他提供了这种可能。这从他与加利亚的事务性通信中可以看得出来。在叶赛宁生命中最后的那几年，后者似乎成了他的“私人秘书”。

在巴图姆写的第一封信中，叶赛宁就向加林娜·别尼斯拉夫斯卡娅转达了我的问候。在莫斯科，我和她见过一两次面，但是，在大家眼中，我已经算是她的朋友了，所以，叶赛宁很认真地向她转达我的问候。他喜欢上了我家里的安静和并非刻意的舒适，为此他放弃了宾馆房间里的一切便利和舒适。他把自己的行李箱从宾馆房间里搬出来，我们正打算离开，突然，宾馆经理——一个亚美尼亚老头大声叫骂着朝我们跑过来：

“我不能让你把箱子拿走，你交钱！”

“我跟您解释过，”叶赛宁回答说，“两三天之后我就能拿到钱，到时我就交钱。”

“我啥都不知道！赶快交钱！”老头暴跳如雷，喊得整个宾馆都能听见。叶赛宁也提高了嗓门：

“我是叶赛宁！你明白不明白？我说了我会付钱，就一定会付的！”

一个人听见吵闹声，从隔壁房间走了出来，站在那儿听了一会儿吵骂的内容，然后走到宾馆经理身边：

“叶赛宁欠您多少钱？”

老头说了一个数目。

“请收好！”陌生人拿出钱数好，交给了老头。

老头惊讶得只剩下瞪眼了。

叶赛宁对这位不认识的人表示感谢，请他留下可以去还钱的地址。那个人说：

“我不需要钱。我是埃里温[①]的一家亚美尼亚报纸的编辑。请您给我们的报纸寄一首诗来，我们就算两讫了。”

保罗[②]也来了，看了看十分开心的叶赛宁，狡黠地笑了。

我看出来了：现在保罗肯定要干点什么。

H.A.塔比泽[③]写道：

果然，他转过身，对着叶赛宁说：

“知道吗，谢廖扎，我想让你高兴一下。伊莎多拉·邓肯到梯弗里斯来了，我在鲁斯塔维里大街上看到了她，我告诉她你在这里，把地址也给她了。她很快就会到这儿来。”

很难描述叶赛宁听了这些话之后的情景。他的脸一下子变白了，他一句话也说不出来，他像被雷击了一样站了片

①亚美尼亚首都。——译者注

②保罗·吉博拉埃罗维奇·亚什维利（Паоло Джибраэлович Яшвили，1895—1937），格鲁吉亚、俄国诗人和社会活动家。

③尼娜·亚历山德罗夫娜·塔比泽【原姓马卡什维利（Макашвили），1902—1965】，俄国回忆录作家，诗人T.Ю.塔比泽之妻，专业是医生，1924年叶赛宁在梯弗里斯居住时，与诗人相识，他们之间关系十分友好。

刻，然后跑进自己的房间，开始急急忙忙地把东西往箱子里面装。什么也不管了，抓起自己的皮箱就跑。保罗和季茨安[①]跑出去追他，在大街上勉强追上了他。保罗发誓说，他是开玩笑的，根本没看见过什么伊莎多拉·邓肯。他们勉强把他劝了回来。叶赛宁明显神经紧张，每次有人开门，他都浑身颤抖地转过身去：他还是害怕她会出现。他恨不得逃到天涯海角，只要不碰见她就好……

谢廖扎走后不久，邓肯的确来到了梯弗里斯。我们和她见过面，在王宫大街上的“巴黎”咖啡馆一起吃过饭。她是一位迷人的舞蹈家，创建了自己的流派。听说叶赛宁不在梯弗里斯，她很快也走了。

叶卡捷琳娜，快点给我写信，讲讲莫斯科的情况。

叶赛宁给妹妹写信说。

你拿到钱了吗？埃利希把我和他说过的事情[②]安排好了吗？我暂时特别不想离开这里。我非常想等到雨季和泥泞过去之后再走。这里的天气非常好。

我对你有一个请求和命令：

告诉萨哈罗夫，让他在十月份的时候把我冬天穿的大衣

①即格鲁吉亚和俄国诗人季茨安·尤斯基诺维奇·塔比泽（Тициан Юстинович Табидзе，1895—1937）。——译者注

②埃利希答应叶赛宁帮忙发表《远征之歌》和叙事长诗《三十六个》。

送到伊万·伊万诺维奇那里去修补一下。

家里情况怎样，建房子还需要多少钱？我再给你寄去100卢布用作建房和家用。包括我给的在内，别给超过300卢布的数。

我很快会给你寄一些诗过去，你把它们卖给卡津或者弗列罗夫斯基，暂时你有这些就够了。

告诉萨什卡，让她把我的皮箱锁上，钥匙让她交给安娜·伊万诺夫娜。

给埃利希写封信，把他的地址给我，我匆忙之中把它给忘了。有什么新消息？马里延戈夫和伊夫涅夫[1]感觉如何？有什么表现？

此处，我还要冒昧地插几句话解释一下，叶赛宁为什么对某些人有什么表现感兴趣。

事情是这样的：此前不久，叶赛宁在《真理报》(*Правда*)上发表了一封公开信，宣布解散意象派团体。

他当然会对意象派成员的回应感兴趣，但是，他们1924年10月中旬才做出回应。那是一封集体回信。

谢尔盖·叶赛宁在《真理报》上以致编辑部的一封信的形式声明，他要解散意象派团体。

这一声明的随意和不负责任使我们不得不对这一声明进行批驳。尽管C.叶赛宁是意象派第一份宣言的签名者之一，

①留里克·伊夫涅夫(Рюрик Ивнев，1891—1981)，原名米哈伊尔·亚历山大罗维奇·科瓦廖夫(Михаил Александрович Ковалев)，俄国诗人、散文家、翻译家。

但他从未成为意象派的思想家，证据就是叶赛宁连一篇理论文章也没有【这种说法很奇怪，这些人应该是没见过《玛利亚的钥匙》（*Ключи для Марии*）和《日常生活与艺术》（*Быт и искусство*）[1]】。

当我们的思想对叶赛宁有利的时候，他附庸我们的思想。他总是出尔反尔，我们不相信他会成为我们的战友。

我们认为叶赛宁心理和身体的疾病都很严重，这是他的行为唯一可以被原谅的理由。

因此，叶赛宁对意象派的“解散”只是再次证明了他自身的马虎草率。

留里克·伊夫涅夫、阿纳托利·马里延戈夫、
马特维·罗伊兹曼、瓦季姆·舍尔舍涅维奇
尼古拉·爱德曼

好了，已经稍微交待了一下这个问题。因此，可以继续读叶赛宁写给妹妹的信了，叶赛宁写道：

……转告萨夫金，我不怕这帮平庸之辈，无论他们做什么，我都不怕他们。蚍蜉岂能撼动大树。

打听一下，沃隆斯基的事情结果怎样？要是那些“站岗

①二者都是叶赛宁的理论文章，《玛利亚的钥匙》探讨的就是意象派理论。——译者注

者们"[1]把他吃了，我会高兴死的。那就意味着可以重打鼓、另开张了。

9月18日，在还未收到哥哥的信之前，卡佳写道："我看见沃隆斯基了。你要知道他有多痛苦就好了。"而整整一个月之后，加利亚这样回答叶赛宁："叶赛宁·亚历山大罗维奇，您让卡佳打听那件事结果怎么样，我替她来回答您。谁也没把谁吃了，也不知道会不会吃……"

按规矩写作是不可能的，会无聊得让人难以忍受的。

叶赛宁继续写到。

现在我工作不多。明天我去巴库，然后去吉斯洛沃斯克。瓦尔丁对我非常好，非常关心。他是一个魅力四射、平易近人、十分真诚的人。他在文学政治方面所做的一切都做得像一个诚实的共产党员。唯一不好的是他爱共产主义胜过爱文学。

好吧，暂时就这样，吻你。问候加利亚和丽塔。

1924.9.17

①指的是一些无产阶级作家，因1923—1925年出版《在岗位上》(*Напосту*)杂志而得名，杂志主编为Б.沃林(Б. Волин)、Г.列列维奇(Г. Лелевич)和С.罗多夫(С. Родов)。

第三十章 最后一次请你原谅……

与叶赛宁分手的同时，邓肯也失去了对自己在苏联的使命的信心。她想象中取得了革命胜利的国家不是这样的。年轻人关心的不是身心的和谐发展，而首先是政治教育。学校里的条件恶劣到无法工作，那里几乎不供暖，所以上课必须得冒着损害健康和生命的危险。此外，苏联政府只负责孩子们每天一次的伙食！这一次邓肯还可以自己承担费用，她的女性友人梅丽·杰斯蒂[1]给她提供了资助。但这不能挽救危局，只是苟延残喘罢了。

邓肯打算永远离开俄罗斯，所以做了最后一次尝试，劝说叶赛宁逃离苏联，重新去寻找翻译者和出版商，让国外的媒体了解自己。但是，叶赛宁拒绝了。

“俄罗斯！”他缓慢而忧伤地说道：“俄罗斯！多么美好的一个词……既有‘露珠’，又有‘力量’，还好像是‘蓝色的’。哦！”他突然用拳头砸了一下桌子，“难道这一切对我来讲都已

① 梅丽·杰斯蒂（Мэри Дести），婚前叫梅丽·埃斯特尔·德穆普西（Мэри Эстель Демпси），生于加拿大魁北克，一生中尝试过很多东西：跳舞、唱歌、开办小型的化妆品生产作坊（她自称其为“工厂”），作家普莱斯顿·斯特奇斯（Престон Стерджес）的母亲。

经晚了？”[1]

载着邓肯的飞机飞行了一段时间，后来突然加速蹿向高空，好像机长把机器降落在某一个场地之后，最后的一瞬间，突然想到要脱离与地面的接触似的。纷纷跑来观看稀罕景的农民，成了看见伟大的邓肯舞蹈的最后一批苏联观众。

①选自弗谢沃洛德·罗日杰斯特文斯基的回忆录。

第三十一章 一切都无所谓

1924年10月20日，叶赛宁从梯弗里斯给丽塔回信：

亲爱的丽塔！谢谢您的来信和您寄给瓦尔丁、让他找机会转交给我的剪报。

我一点儿也不害怕马里延戈夫他们这帮畜生和他们的卑鄙行为。

无论是白鹅，还是天鹅，都不会被水弄湿翅膀的。

你们过得怎么样？热尼亚（指的是Е.И.利夫希茨）怎么样？她结婚了吗？她可是早就该嫁人了。转告她，如果她不结婚，她就枯萎了。她那么严肃，必须结婚。哈哈！我能想象得出她生气的样子。

我过得很无聊。现在我因为咽炎不能喝酒。病不好，我是不会喝酒的。总的来讲，我对这事没那么大兴趣了。看来，我的确是变得安分正经了。

现在，应该带着妻子、拿上巴拉莱卡琴，坐到柴堆上，唱科年科夫（Коненков）那样的歌：“黄金般的日子过去了”。好吧，回到俄罗斯之后我们来得及做这个。

亲吻和拥抱您。

第一次问候热尼亚，第二次问候热尼亚，第三次问候热尼亚【这三个热尼亚分别是：Е.И.利夫希茨、Е.С.罗佐夫斯卡娅（Е.С.Розовская）和Е.Г.阿普丽娜（Е.Г.Априна）。】

1924.10.20，梯弗里斯

尽管报纸上出现了很多文章，说叶赛宁精神空虚、道德堕落，可他即使在远离莫斯科的时候，也在想办法出版自己的书。他在加利亚的帮助下，编辑和校对这些书，不住地纠缠请求别尔津帮忙，让自己的妹妹卡佳充当信使。他写了很多信，而且，同样重要的是与很多人交往，即使是在信中。

亲爱的，忘不了的安娜·阿博拉莫夫娜！我非常难过您没有回复我的信和电报。

我曾坚决要求您到这里来。如果您能来，那真是非常好，您也可以去康斯坦丁诺波尔或者德黑兰待上一周。

那里的天气特别好，而且有上好的披肩，那样的披肩您在莫斯科是永远也见不到的。

您喜欢《波斯组诗》吗？

亲爱的安娜·阿博拉莫夫娜，书的情况怎么样？请按照我给加利亚寄去时的样子出版它。现在，书已经改过了。我强烈批评您，您不该惹父亲[①]生气。真的，他不该受这样的

①指的是И.瓦尔丁。

气。尽管我自己也想摆脱他的保护而逃往这个国家的所有城市，在这里，“奥塞梯人凶恶的子弹在黑暗中追赶上了他”，而胆小的格鲁吉亚人纷纷逃离。但是，他的心是善良的，是充满热情的。我想，您一定会同意。

我现在已经不喝杰米扬的鱼汤[1]了。【“作家，你是幸福的，虽然你有真正的才华；但是，如果你不会伺机保持沉默/也不珍惜别人的鱼汤/那么，请记住，你的诗歌和散文/会比杰米扬的鱼汤还让人恶心。”选自克雷洛夫的寓言《杰米扬的鱼汤》(*Демьянова уха*)。】

如果您能给我往巴库的《巴库工人》(***Бикинский рабочий***)写信，我会非常高兴。加利亚会跟您谈我特别需要您帮助的事情。吻您的双手。

爱您，С.叶赛宁

1924.10.21, 梯弗里斯

亲爱的加利亚！

叶赛宁给加利亚写信说：

我暂时留在高加索，可能会一直待到五月。

我在莫斯科无事可做，我写好的所有东西都会给您寄去。

①指不愿接受别人过分而令人不适的热情。——译者注

现在寄给您《波斯组诗》里面的两首诗，以后还会再寄。

请按我们之前安排的那样出版《花楸的火焰》。《苏维埃的罗斯》（*Русь советская*）的结尾请修改一下。把“甚至”一词去掉，直接改成“即使那样……”还有，不是“名称”，而是“带有名称”。如果安娜·阿博拉莫夫娜还没有放弃结集的想法，那么，请按照柏林那一卷的方式出版它，按顺序加上《酒馆莫斯科》和《花楸的火焰》。把《回乡》（*Возвращение на родину*）和《苏维埃的罗斯》放在《一个流氓的自白》后面。《酒馆莫斯科》要完整的，像您手里的那样，包括诗歌《粗人容易高兴》（*Грубым дается радость*）。《波斯组诗》就别加进去了。

把全书分成三部分：抒情诗、叙事短诗和叙事长诗：《普加乔夫》、《三十六个》、《国家》（*Государство*）、《远征之歌》。在《伊诺尼亚》（*Инония*）后面加上《约旦少女》（*Иорданская голубица*）。

就是这些。

我盼望这个集子的出版，盼得神经都极度紧张。

如果莫斯科印刷厂认为由它出版不合算，那你就去请求瓦尔丁，让他在《红色新事物》上发表。

我过得非常无聊，慢慢地开始写一些大的东西，最后会写剧本。

亲爱的加利亚！包括《选集》（*Избранные*），大众文学部还有钱。安娜·阿博拉莫夫娜可以安排好它们。那里大约有720卢布左右。您把这些钱收了，按照您的意思支配它们吧。

以后我会寄些钱去解决妹妹们的问题。您别娇惯她们。

我在这里还算富足，我不需要您寄钱来。我每个月能拿到大约500卢布。如果您有困难，请发电报告诉我，我可以马上寄钱给您。

好了，问候妹妹们。吻你们大家并紧紧、紧紧地拥抱你们。

C.叶赛宁

1924.10.29

亲爱的加利亚！（很可能，该信的写作日期不晚于1924年11月2日，梯弗里斯。）

问候您！现在把《远去的罗斯》（*Русь уходящая*）寄给您。

请给沃隆斯基看一下。像我跟您交代的那样，把它放到书的结尾，取名《丑闻之后》（*После скандалов*）卖掉。在梯弗里斯这里，我凭名称把《花楸的火焰》卖了。《三十六个》您想卖到哪儿就卖到哪儿吧。问候妹妹们。紧握您的手。C.E.

请给我写信详细地讲一讲莫斯科的事情，讲讲沃隆斯基、卡津、安娜·阿博拉莫夫娜和其他人怎么样。大的东西不写完，我是不会回去的。《远去的罗斯》喜欢吗？我现在正在写的东西，我自己喜欢。我会从巴库寄些片段过去。请往巴库写信。写完这封信之后5天左右，我要去巴库，并在那里待大约两周的时间。C.E.

第三十二章 零星的片段

海边林荫花园，阳光灿烂，十分温暖，尽管是十二月。街心花园里满是散步的人。叶赛宁来了，稍带醉意。他眯起眼睛看着周围的人们，发现有两位女士坐在长凳上。他朝她们走去，顺便叫住了一个小男孩——一个擦鞋童，给了他一枚硬币，拿起他那装满各种物件的鞋箱子。

列夫·波维茨基讲述叶赛宁在巴图姆居住期间的一件小事：

他扛着箱子站到长凳上的两位夫人面前，然后单膝跪下："小姐们，请允许我为你们擦擦鞋！"

两位女士知道眼前的人是叶赛宁后，非常不好意思，不让他擦，叶赛宁坚持要擦。一些好奇的人聚拢过来，认识的人试图把他从长凳前拉开，但是没有用。他一定要给这两位美丽的夫人擦鞋。这时，我正在街心花园的另一边。有人把发生的事情告诉了我。我走过去，看见他正跪在那里，好奇围观的人越来越多。我明白，这时通常的请求和温和的言词一点儿用也没有，需要采取极端手段。

“谢尔盖·亚历山大罗维奇，即使是最后一个未来主义分子，也不会允许自己像您现在这样做的!”

他默默地站起身来，放下箱子，看也没看我一眼，就向街心花园的出口走去。

他有两天时间没有跟我说话。我们和好以后，他非常痛心、带着深深的责备对我说：

“你怎么能那样羞辱我呢!”

加利亚，亲爱的！我病得很严重[1]，所以不能给您写信讲述我在巴图姆的生活情况。只有一个又一个的请求。把这些诗再重打一下，想给谁就给谁吧。我特别想念莫斯科，但是，只要一想起那里的冷，我就害怕。而这里温暖、明亮，但是，不开心，因为我不知道你们大家的情况。请写信告诉我，舒拉在哪儿，过得怎么样？叶卡捷琳娜怎么样？家里怎么了？请打起精神，把东西从彼得堡拿回去。在萨什卡那里，它们可能碍事。列夫·奥西波维奇问候您。问候热尼亚和丽塔。

关于我的文集听说什么了吗？安娜·阿博拉莫夫娜大概把我忘了。

请提醒她一下。

您可以不用问我就把我的书卖掉，我觉得您在编辑方面很有品位，我对您有指望。问候亚娜、索尼娅和约瑟夫。

关于文学政治，听说什么了？普利博鲁德内写了什么新东

①H.K.维尔日比茨基回忆：“叶赛宁感冒了，开始剧烈地咳嗽，十分严肃、确定地跟我说，他得了喉结核，将不久于人世。”

西？他这个狗东西，一句话都没有给我写。我在关于《酒馆莫斯科》的评论中读到了一些东西。凡是有的东西您都收集一下。

暂此，握您的手。

把叶卡捷琳娜管严些。

C.叶赛宁

1924.12.12，巴图姆

加利亚应该是给叶赛宁在信中提到的所有人都读了这封信，因为很快他就收到了亚娜的回信：

亲爱的谢尔盖·亚历山大罗维奇，（我给您写信）不仅仅因为您送来了令人高兴并意欲回报的问候，还因为如果不能与您交谈，我们也很高兴能给您写几句话。

明天就是新年了，普普通通的新年，但是，每个人都以自己的方式庆祝它。您怎么过新年呢？

我们很想知道，您怎样、以什么方式、怀着什么样的思想感情迎接新年。您现在靠什么生活？您在忙些什么……

不过，我们知道，在您那里，一切（但是，真的是一切吗？）都有美妙珠串般的诗行来记录，那是短小的诗行，但是令人迷醉。

昨天，卡萨特金[1]说，他的朋友梦见您在高加索诱惑了一

[1] 伊万·米哈伊洛维奇·卡萨特金（Иван Михайлович Касаткин，1880—1938），俄国作家，全俄紧急状态委员会的工作人员。

个高加索人的妻子，因此送了命，因为那个高加索人用刀扎透了您的身体。这难道不是您打架引起的吗？“好像有人在酒馆的打斗中，把一柄芬兰刀狠狠地刺进我的心脏。”

那么，诗句之外的情况是怎样的呢？

比如，您打算什么时候回莫斯科？您想回来吗？

还记得您一直说想要沙发床吗？正好，今天我们这里有了一张沙发床。我们决定：C.A.回来以后，第一天晚上我们就把他拉到沙发床上——听您讲述东方国家的事情。

好了，回来吧，让我们知道您的情况，让我们好好高兴一下。

请接受索尼娅和亚娜真诚、温柔的问候。

如果您有这个愿望或者心情——请给我们写几句话，地址是：克里姆林，卡瓦列尔大楼1楼，亚娜·克兹洛夫斯卡娅收。

第二天早上，谢廖扎不知为何很长时间没有到厨房里来。

H.A.塔比泽讲道：

我到他的房间一看，发现他躺着抹眼泪呢。我着急起来：

“您怎么了，谢廖扎？您有什么不高兴的事情？”

他回答说，他做梦了，做了一个非常不好的梦。他梦见了妹妹舒拉，她一边哭，一边抱怨，说她没有钱。

“我知道她没有钱，但是，我现在也没有钱寄给她，我也不知道从哪儿弄钱……”

他无助的样子让我吃惊，于是，我说：

“您在《东方霞光报》（*Заря Востока*）上发表的诗歌很是抢手！您去找维拉普[①]，他会给您钱的。”

听到我告诉他的这个想法，谢廖扎高兴坏了，他跳起来，穿好衣服，跑到《东方霞光报》报社要钱去了。

亲爱的加利亚：

我完全没有想到，出来的书会有这么严重的错误和这么可怕的漏洞。

难道是人家不让你们校稿？这本书让我又喜又忧。

现在的情况是这样的，从亚美尼亚给我寄出了400卢布。这笔钱到哪儿去了，我不知道。我当时准备去莫斯科，所以留了你们的地址，可后来我告诉他们，我不去莫斯科了，又留了另外一个地址。不知道这笔钱去哪儿了，如果到你们那里的话，请把它们汇给我。

我不知道你们生活得怎样。我想，你们可能没有足够的机智想到去大德米特罗夫卡街10号《东方霞光报》编辑部一趟，找那里的富尔曼（Фурман），要一份我发表的东西，抄一遍，拿去卖了，随便卖给什么鬼呀、怪呀的，只要让你们手里有钱就可以了。别把剪报交出去，他们会少给钱的。

① 全名为尼基塔·安巴尔楚莫维奇·维拉普（维拉比扬）【**Никита Амбацумович Вирап（Вирапян）**】，“苏维埃高加索”出版社的经理，1925年1月出版了叶赛宁的书《苏维埃国家》（*Советскастрана*）。

还有，看在上帝的分上，把我放在彼得堡的东西都收拾到一个地方。因为我可能突然就回去了，而我的皮衣还在彼得堡。

还有下面这件事（这是找钱的出路）：把发表在《东方霞光报》上的六首新叙事诗放在一起，以一本小书的形式卖给约诺夫[①]。一首一卢布。近几天我会给你们寄两首新的。

我现在的工作和写作状态非常好。春天之前我可能也回不去。我想去苏呼姆、伊利湾、特拉别祖恩德和德黑兰，然后还是巴库。

近几天，我会通过邮局给你们寄两箱橘子。我和廖瓦（Л.И.波维茨基）在果园里直接从树上摘橘子吃。现在已经12月份了，可我们昨天还采摘了马林果。

我的桌子上放着一首新的非常好的叙事诗《花朵》（*Цветы*）的草稿。这可能是我写得最好的东西了，不能寄给您，因为我懒得誊写。您想怎么卖就怎么卖吧。如果不知道怎么卖，就商量一下。这本书，即使是国家出版社也会跟您抢着要的。

希望您那里现在有钱，将会有钱，那样我就不给您寄钱了。

【找个人把《狗娘养的》（*Сукин сын*）发了。】我想，所有东西都给《红色新事物》一家不好。

回头见。我现在急着去拿稿费，然后我要去饭店，和廖瓦一起为你们的健康喝一杯。亲爱的，好好活着，别任性。吻您的手。

---

①伊利亚·约诺维奇·约诺夫【Илья Ионович Ионов（原姓伯恩斯坦，即Бернштейн），1887—1942】，俄国革命家和出版工作者，诗人，谢尔盖·叶赛宁的熟人。

谢尔盖·叶赛宁

问候我的妹妹和所有的朋友们。巴图姆，沃兹涅先斯基大街9号。C.E.

1924.12.17

当然，叶赛宁来到巴图姆引起了所有人的关注。

列夫·波维茨基这样解释发生的事情：

人们在街上拦住他，跟他认识，邀请他去饭店。与以往所有时候、所有地方一样，这里也表现出了他备受欢迎的不好的一面。他整天被一群快活的酒友包围着。

我决定将叶赛宁每天度日的方式引入一种正常的轨道。我建议他像下面这样：每天我出门上班的时候，把他锁在房间里。他不能出去，任何人也不能进来找他。下午3点我到家，把门打开，然后我和他一起去吃午饭。午饭后，他随便干什么都可以。他接受了这个日程安排，并在12月17日的信中高兴地把它告诉了加林娜·别尼斯拉夫斯卡娅："我现在的工作和写作状态非常好……廖瓦把我锁在房间里，3点之前不放任何人进来。他们太打扰我的工作了。"

第三十三章 对诗歌的暴力

新闻媒体开始了一场针对叶赛宁的真正的战争，看清这一点的同时，加利亚为他整理了A.K.沃隆斯基对他最新诗歌的评论。

叶赛宁怎么了？叶赛宁与《红色新事物》合作时，写的是酒馆诗，转到《十月》之后马上就改变了，这样说很轻巧。请你们替叶赛宁说一声谢谢（掌声）。叶赛宁到底怎么了？他写了“斯坦斯”[①]，既有写马克思的，也有写列宁的：“我心里想的都是工业实力”“来，谢尔盖，让我们坐下来悄悄谈谈马克思”。怎么回事？要知道这是堕落，是欺骗，他们（“十月”小组成员）被人欺骗，可他们还相信这个（掌声）。

对此不能认真。这是对读者和对作家的讥讽。人的良心都丢了。希望他不要徒劳无益、无缘无故地提起列宁和马克思的名字，因为这两个名字对我们来讲是珍贵的（掌声）。叶赛宁究竟怎么了？当然，叶赛宁需要人督促，我也督促过他，但我永远也不能说，他是按照这条路走的。在你内心

①一种每节4行的俄语诗体。——译者注

没有接受马克思和列宁之前，你就不要写他们。叶赛宁不是偶然现象。现在也有人走来公开地说："同志，该吃东西了。"……我努力想让他们走的那条路，不是一条平坦的路，没有各种资产阶级的情调，但这将是唯一正确的道路。……他们（"十月"小组成员）中的一个人开腔了："让他可以不用真心去写，但是，应该写需要的东西。"看，同志们，这就是我们的分歧所在。当人们做出这样判断的时候，我是不能认同这种文学政治的。

加利亚把演讲的文本认真地重新打了一遍，寄给了叶赛宁。让他知道，他这是跟什么人搞在一起了。她才是唯一可以信赖的人。

回信很快就到了：

加利亚，亲爱的！谢谢你的来信，它让我非常高兴。您说的关于沃隆斯基的事也让我有点儿难过。我相信他，可原来一切都是假的。也许，世上的一切都是假的，我们只是感觉到彼此的存在而已。

看在上帝的分上，您可别是假的。这是我最后的赌注了，而且是最大的赌注。亲爱的，无论什么事情，您觉得怎样合适就怎样做……我太自我封闭了，所以什么也不知道，不知道我昨天写了什么、明天还会写什么。

现在，我心里只有一点还是活的。我觉得我是高尚的，我不需要这讨厌的显赫的名声，不需要按行计算的成功。我明白什么是诗歌了。

没有深思熟虑就别说我不再改进我的诗歌了。完全不是。相反，我现在对形式的要求更高了。只不过我开始追求简洁，所以我平静地说："为什么？我们本来就一无所有。从现在开始，我要用动词作为韵脚。"当然，我现在走的路非常曲折，但这是一种突破。您想想，加利亚，在国外的时候，我几乎两年的时间什么都没有写。您喜欢《致一个女人的一封信》（*Письмо к женщине*）吗？我还有比这更好的东西。我在这里很无聊。没有您，没有舒拉和卡佳，没有朋友。外面下着热带的雨，雨点敲打着窗玻璃。只有我一个人，所以我写作，写作。晚上，我常和廖瓦一起去剧院或者饭店。他教我学会了喝茶，因此，我和他两个人每天才喝两瓶酒。午饭和晚饭时喝。生活平静、与世隔绝。墙那边，有人忧郁地强按着钢琴，米什卡钻过来亲嘴。它是莱温的狗。我们的这个家伙特别喜欢洗衣女工。

真应该让它去咬沃隆斯基，是吧？

大家都知道，叶赛宁喜欢动物。

列夫·波维茨基打断了讲述。

在这里，他经常和我的米什卡玩，出去一定要带着这条狗，尽管它给他造成了很多不快。有一次，它觉得一座桥不安全，犯起了倔脾气，说什么也不想过去。叶赛宁只好把它抱起来，抱着它走到桥对面。它勇敢地放心地待在叶赛宁的手里。

……白天，如果阳光灿烂，我就精神抖擞。

我们继续读叶赛宁的信。

我常去看水母游泳。目送开往康斯坦丁诺波尔的轮船离开，心里想着博斯普鲁斯。没有什么娱乐。一个人。一个人。尽管这里的女人们追逐我。怎么办呢？不是诗人吗？而且是什么样的诗人呢？有名的诗人。这一切都可笑而令人讨厌。

让我高兴的只有一件事：因为喝醉了，维尔日比茨基和科斯佳·索科洛夫从梯弗里斯跟我来到了巴图姆。有一次，纵酒狂欢之后的早晨，我们坐车去廖瓦那里，路上看见了这样的情景：一个老头拄着双拐，腰上系着一根绳子，绳子上拖着一个小车，小车里面坐着两只小狗崽，车边上有两只母鸡，而他头上还有一只公鸡。他往前一走，公鸡就会扇动翅膀。令人惊异的画面。我一下子从出租马车上跳下去，请求他卖给我一只小狗。他看了看我，说："只卖给你。"

那只小狗我现在送出去寄养了，他在房间里随地便溺，我又不会照顾它。

这是怎么回事，加利亚？我怕这是类似于靡菲斯特[①]的一个玩笑。维尔日比茨基和科斯佳回去了，我们都得了严重的感冒。在梯弗里斯，我们去了霍兆雷。您知道我的大衣是什

① 靡菲斯特（Мефистофель），魔鬼，文艺复兴时期北欧神话中的恶魔形象，因为歌德的《浮士德》（*Фауст*）而作为一个文学形象广为人知。——译者注

么样的，山里冷得要命。我们在当地的小饭馆里喝了酒，玩得很开心，于是，我爬到汽车顶上，坐在前轮附近。就这样走了18俄里，一边弹吉他，一边唱歌。后来，才发现我把自己唱出毛病来了。全凭着惊人的机体，才没有感染肺炎。

亲爱的加利亚，《波斯组诗》是我的一整本书，由20首诗组成。我再给您寄去两首。把四首诗都交给《东方之星》(*Звезда Востока*)杂志。每行要两卢布。如果他们不给，就要一卢布。让他们见鬼去吧。等我发财了，让他们都对我点头哈腰。请把所有的东西都发表了，哪儿都行。我不认同任何人的文学政治。我有我自己的文学政治——那就是我自己。《致一个女人的一封信》给《星》(*Звезда*)，也是两卢布一行。近几天我会把《花朵》和《致爷爷》(*К деду*)给您寄去。去《东方霞光》杂志社(大德米特罗夫卡街10号)，找到《母亲的来信》(*Письмо от матери*)和《回答》(*Ответ*)。所有的杂志社都送一份。我很快就会给您寄去一大堆材料的。写得如此轻松和多产，在我的生活中非常少见。

我特意打断叶赛宁的话语，以便提供列夫·波维茨基给我们的解释：

叶赛宁埋头于《安娜·斯涅金娜》的写作，很快就写完了它。他心满意足地说：

“唉，要是我能这样工作几个月，我得写出多少东西来啊！”

他给我读了《安娜·斯涅金娜》并征求我的意见。我说，这部抒情小说让人感到某种非常熟悉的东西，然后我说出了19世纪60年代最著名的一位诗人的名字。

“求你了，列夫·奥西波维奇，对谁也别说这个！”

这个朴实、天真的请求把我逗笑了。他也笑了。

“你以为呢，很多人自己是想不到的……”

……这只是因为我独自一人，专注于自己罢了。

叶赛宁继续说道：

据说，我气色好多了。可能，这是因为我发现了一些东西而心安了。我把自己的头发梳理得整整齐齐的。每周我都修指甲，每隔一天刮一次胡子，想给自己做一套非常时髦的新西装。漆皮鞋、手杖、手套——这些我都有。我已经买完了。我无聊得只想把自己打扮得十分考究。就让人们说我是花花公子吧。这非常有意思。我不会再像从前那样，为了故意与所有人作对而喝酒了。我要什么也不说、规规矩矩的。我要让所有人都莫名其妙。我真的非常不喜欢所有人对我的看法。让他们咬掉我一块肉好了。

等到春天回去的时候，我就不让任何人接近我了。我的上帝，我以前多么傻。我现在才明白过来，这一切都是对青春的告别，现在不会这样了。

如果他们想让我成为作家，那我就当作家。但那样的话，他们未必会到我这里来寻求友谊，好借取一点思想感情。我将会晃着小手杖、翻着白眼说:“天气真好!”我一定要对着镜子学会这个。我很想知道这是什么样子。真见鬼！但是，我非常棒地投入了写作，已经写第四页了。这一切都是因为我想您了。

我想，沃隆斯基对我的态度只是一种手段:我觉得，从内心里，他对这一切都不是认真的。就是这样——他想说，你看看我们的人是什么样的！无论如何，如果您遇见这些“我们的人”，还是跟他们打个招呼。向安娜·阿博拉莫夫娜转达我最诚挚的问候。替我吻她的脸颊。总之，加利亚，什么事都要做，您知道，对我来讲最主要的是，不要为你们的钱的事操心。

我的钱到了，所以，白白麻烦您了。在一本大型格鲁吉亚杂志的第六期刊登了我的《同志》(*Товарищ*)的译文。亚美尼亚马上就要出一整本书，译成亚美尼亚语的。

请(替我)拥抱卡佳、舒拉和丽塔。问候亚娜和索尼娅。

1924年，具体日期我不知道。可能是12月20日。

C.叶赛宁

巴图姆

加利亚！这封信是后写的。《叙事诗两首》(*Две поэмы*)一出来，马上就向约诺夫要780卢布，然后把钱给我寄过来。

《歌》的稿费是300卢布，《三十六个》的稿费是480卢布，我没从他那儿拿过钱。

要钱态度一定要坚决，用这些钱我可以给你们大家买很多好东西。这里的衣服料子非常便宜，有上好的波斯和土耳其披肩。

把作品卖给柏林[1]。总之，所有事情您都可以认为应该怎样办就怎样办。不碍事的。

C.E.

在巴图姆，有一段时间他喜欢一位“奥莉小姐（Мисс Оль）”，这是他自己给她取的名字。

列夫·波维茨基吐露了一个隐私。

从他开始，人们开始叫她这个名字。这是一位18岁左右的姑娘，外表像从前的中学生。姑娘学识渊博，喜欢文学，对文学充满向往，看见叶赛宁的时候，非常激动。

我在当地人那里听到了一些败坏“奥莉小姐”及其亲人名声的消息。这些消息让人产生了一种先入为主的印象，即这位姑娘和她的亲人们参与土耳其的走私贸易，甚至还有更糟糕的情况。我把这个告诉了叶赛宁，他常去她家，于是，我劝他好好观察一下她的亲人。看来，他的观察证实了我的担心，于是，他对她开始冷淡起来。她发现了这一点，就来找我谈话，让我知道，很显然是我影响了叶赛宁对她的态度。

---

①柏林（Берлин），“当代俄罗斯”出版社的工作人员。

我认为，我没有必要特别为自己辩解。不久之后，有一天，在饭店，我看见叶赛宁和“奥莉小姐”一起坐在一张餐桌边。我想从旁边绕过去，但是，叶赛宁叫住了我，请我坐到他们那桌。姑娘站起身，挑衅地看着我，说道：

“如果列夫·奥西波维奇坐这儿，我现在就走。”

叶赛宁眯起一只眼睛，嘲讽地微笑着，慢慢地说：

“奥莉小姐，我不耽误您……”

“奥莉小姐”走了，从此叶赛宁与她彻底断绝了联系。

请原谅，安娜·阿博拉莫夫娜，我手头没有信纸，请原谅，亲爱的、美丽的、善良的人，如果不能原谅所有人，那么请原谅我没有给您写信。

叶赛宁1924年12月写给别尔津的信是这样开始的。

我结婚了的传闻是从何说起的呢？真是滑稽！

这太可笑了（有一次，我在饭店里碰见了认识的梯弗里斯人）。我只是和朋友们在一起，当他们问我这个女人[①]是谁时，我回答说：

“我妻子。”

“嗯，你的禁闭室不错。”

就是这么一回事儿，实际上，坐在我身边的是一个令人讨厌

①这里说的就是那位“奥莉小姐”。

的女孩子——让我和波维茨基厌烦，现在我们都不和她见面了。

您过得怎么样，亲爱的？您爱着谁呢？父亲（指的是И.瓦尔丁）怎么样？

我过得很无聊。工作，喝酒，看电影，听人们谈论走私者。跟歌剧《卡门》（*Кармен*）里演的一样。

舒拉一回来，一切又变得充满家庭气息，美好而和睦。

加利亚写信告诉叶赛宁。

我们又开始按时上床睡觉，等等。奥利娅【Оля（好像卡佳写信告诉过您，她是我们的女仆）】把我们都照顾得好好的，总的来讲，她和舒拉就是我和卡佳的两个紧箍咒。现在，我们这里完全成了一个家：舒拉、卡佳、奥利娅和我，还有我们的一个女邻居（您不认识她）。我和卡佳去了彼得格勒。从约诺夫那里什么也没得到，勉强让他同意把《歌》和《三十六个》一起发表（安娜·阿博拉莫夫娜在的话，大众文学部肯定不一样）。在彼得格勒，我们把《远去的罗斯》和《母亲的来信》交给了《水罐》（*Ковш*）杂志（谢拉皮翁兄弟[①]的杂志，类似于从前的《红色新事物》），从他们那里拿了钱（一半），到萨哈罗夫家里拿了您的东西就走了。我和卡佳很喜欢约诺夫本人。他是个不同寻常的人。尽管他态度生硬——

①俄国文学团体，1921年初成立于彼得格勒，名称取自德国浪漫主义作家霍夫曼的同名小说集。——译者注

他很生您的气，因为您答应给他的诗却跑到了文集《圆圈》（*Круг*）里面。但是，看见卡佳的时候，他却很仔细地打量她——看来，她让他想起了您。当我把《致一个女人的一封信》给他时，他的态度就彻底温和了起来，声音非常非常轻地说："好东西。"

我们在他那儿坐了几个小时，差点没被淹没——那里（第二个房间里）有那么多好书！

他虽然对您很恼火，但还是让我们向您转达问候。

现在，他同时领导着彼得格勒和莫斯科的国家出版社。

《无处栖身的罗斯》（***Русь бесприютная***）将在《探照灯》（*Прожектор*）杂志上发表。

我们这里还有《暴风雪》（***Метель***）和《春天》（***Весна***），我很喜欢，可是卡佳被《暴风雪》吓坏了，她不太喜欢它。而您甚至懒得寄诗给我们。请您马上给我们寄诗来，直接从报纸上剪下来，免得再重抄。请您把所有的诗都按时给我们寄来。

埃利希会给您写信介绍彼得格勒的事情。在彼得堡，他像亲生父亲一样照顾我们，带我们去国家出版社，请我们喝茶、吃饭，对我们很关心。真的，您不要在萨哈罗夫家里住，他家就是个庸俗的泥潭，一点儿也不好。我和卡佳甚至不想在他们家过夜。萨什卡一直在莫斯科。他的儿子非常好——叫格列波（Глеб），特别顽皮。格列波和阿利克（Алик）两个人都问候您呢。阿利克还记得您："谢廖扎叔叔？是叶赛宁吗？"

博戈米尔斯基【（Богомирский），其实是博戈米利斯基

（Богомильский）】[1]将会出版您的一卷书，安娜·阿博拉莫夫娜会介绍我与他认识。她自己好像对您有点儿不满，我觉得这是在她听说您结婚的消息之后。她总是胡闹，自己也不知道自己想要干什么。

柏林的书正在排版，很快就会做好的。

2月2号我们会给家里寄钱。

您看，我写得这么详细，可我的心在痛，因为我不知道您的情况，不知您是不是出了什么事情，所以写不下去。我在强迫自己写。

亲爱的加利亚！原谅我写得仓促。我讨厌死这里了，不久之后，我就要收拾好零碎东西，搬到巴库去，暂时您还是往这里写信。如实告诉我一切情况。

柏林的那卷书您可以向索步科（Собко）索要，并从他们那里收取《苏维埃的罗斯》的钱。我卖给他们的时候没有这首诗。

请问一下瓦尔丁，他能不能买我的长诗。1000行。抒情叙事性的，非常好。我需要1000卢布用来购买去波斯或者康斯坦丁诺波尔用的东西。您还可以把它当作一本书卖出去，可再得1000卢布，满足您自己和您周围人的需要。

这里情况非常糟糕。下雪了，特别特别大的雪堆。还发生了地震。我觉得非常无聊，巴图姆还不如农村，地方太小，所有人都相互认识。因为闲得无聊，我打台球。现在我

---

①作家劳动组合“圆圈”的出版社的工作人员。

能领先萨哈罗夫三四个球。从两边往中间打我打得特别好，做个动作就能拿钱。我还在写长诗和剧本。

近几天，我会给您寄两本新书。一本是在巴库出版的，另一本是在梯弗里斯出版的。生活在俄罗斯苏维埃真好。我像乞乞科夫[①]一样自由地各处走，但我不收买，而是出卖死魂灵。凡是出版的新书请都寄给我，否则没什么可读的。好了，暂时就写到这儿。握手。问候你们，再次问候你们。

C.叶赛宁

1925.1.25，巴图姆

接连有几封电报，内容一模一样，就像是抄写的，我觉得没有必要在这里一一转录它们。叶赛宁又开始忙着找钱。眼前仍然闪烁着波斯的模糊幻影，不过，如果这次一切都落空的话，他就准备回莫斯科了。已经完成了很多的作品，只是这些作品能够带来幸福和安宁吗？

在巴图姆，叶赛宁认识了一位名叫莎加奈[②]的年轻的亚美尼亚姑娘。这是当地亚美尼亚学校里一位非常罕见的漂亮和有修养的女教师，精通俄语。她的妹妹卡佳也很漂亮，也是一位教师。她长着一张美丽的亚美尼亚苏拉米菲[③]的脸。她知道叶赛宁的诗，全

① 乞乞科夫（Чичиков），果戈里的《死魂灵》中那位到处收购死农奴的主人公。——译者注

② 莎加奈·涅尔谢索夫娜·塔尔扬（Шаганэ Нерсесовна Тальян，1900—1976），诗人的熟人，俄罗斯语言文学教师，亚美尼亚族，1924—1925年之交的冬季，叶赛宁在巴图姆居留期间与其相识，叶赛宁在《波斯组诗》的几首诗中都用到她响亮动听的东方名字。

③ 苏拉米菲（Суламифь），《圣经》中的人物，也叫苏拉密达，所罗门《雅歌》（*Песня Песней*）中的女主人公。——译者注

心全意地爱着诗人。

莎加奈啊，我的莎加奈！
难道是因为我来自北方，
我愿为你描绘美丽的田野，
和月光下起伏的麦浪。
莎加奈啊，我的莎加奈！

难道是因为我来自北方，
那里的月亮要大上一百倍，
无论设拉子是多么的美丽，
它也比不上梁赞的辽阔原野。
难道是因为我来自北方。

我愿为你描绘美丽的田野，
这缕头发我取自黑麦，
如果愿意，你就把它缠到手指上——
我一点也不觉得疼痛。
我愿为你描绘美丽的田野。

那月光下起伏的麦浪，
看见我的鬈发你就可以想象。
亲爱的，玩笑吧，微笑吧，
只是不要唤起我心底的回忆，

关于那月光下起伏的麦浪。

莎加奈啊，我的莎加奈！
在遥远的北方，也有一位姑娘，
她和你长得几乎一模一样，
可能，她正在把我思念……
莎加奈啊，我的莎加奈。

不过，据那位列夫·奥西波维奇讲，最后叶赛宁更迷恋的是莎加奈的妹妹……

与“奥莉小姐”的罗曼史以叶赛宁的女人们恶毒的指责和对他“又一次结婚”的抱怨而告终，虽然他根本就没打算结婚。所以，这个时候，这些蠢女人好像要报复他似的，就是不给他寄急需的钱来！以下犯上！

钱还没到，我在等，快速电汇过来。叶赛宁。

他严厉地命令加利亚。

你有没有想想：我没有钱。C.。

他责问卡佳。

终于，加利亚勉强凑了一点钱给他。

谢谢。需要1000。

叶赛宁继续要钱，语调平和了一些。

请告诉瓦尔丁，我给他寄长诗。请回信。叶赛宁。

可是，他既没有等到回信，也没有等到钱，于是他写了下面的信：

我很生气为什么不回信，巴图姆，别写信了，我要去波斯，地址：巴库。叶赛宁。

此信是写给加利亚的，日期是1925年2月21日。

波斯之行流产了。所有人都在莫斯科：利夫希茨，恰金[①]。马上给我寄路费来，我在梯弗里斯，周三之前用。我要带回很多长诗。(致别尼斯拉夫斯卡娅)

下面是写给加利亚的最后一封信，这时叶赛宁已经拿到了车票：

周日请出门接我，带上皮衣和钱。谢尔盖。(致别尼斯拉

① 彼得・伊瓦诺维奇・恰金【Петр Иванович Чагин，原姓博尔多夫金(Болдовкин)，1898—1967】，俄国记者、共产党的出版工作者、文学活动家。

夫斯卡娅）

叶赛宁只是临时回莫斯科，（但是）解决了最紧急的出版事务，校对了新书的条样，和朋友们大吃大喝，认识了索菲亚·托尔斯塔娅，而且……

亲爱的加利亚，您是我最亲近的朋友。但是，我一点儿也不爱作为女人的您。

C.叶赛宁

1925.3.21

第三十四章 索菲亚·托尔斯塔娅——短暂的情缘

几乎从我刚认识叶赛宁的时候开始，人们就在谈论他要和作家列夫·托尔斯泰的孙女索菲亚·安德烈耶夫娜·托尔斯塔娅结婚的事。

Ю.Н.利别金斯基[1]在自己的回忆录《我与叶赛宁的会面》（*Мои встречи с Есениным*）中写到。

谢尔盖自己也不时提起这件事，但总是按照他自己的风格赋予谈话玩笑的性质。他总是大声地说出自己心里的打算：如果他娶了托尔斯泰的孙女，那会怎么样呢！不过，在这些看上去似乎玩笑的话语后面，还是能让人感觉到某些严肃的东西。

而且，这里能有什么玩笑可开！这姑娘的样貌充分显示着列夫·尼古拉耶维奇（托尔斯泰）的血统：圆圆的脸蛋，眼

①尤里·尼古拉耶维奇·利别金斯基（Ю́рий Никола́евич Либеди́нский，1898—1959），俄国作家。

睛不大，跟托尔斯泰的特别像，眼神犀利睿智，举止从容不迫。她说话不多，但是，言语中透露着机智和教养，而当她看着叶赛宁的时候，她的灰眼睛里放射出温柔的关爱之光。看得出来，她自觉是索菲亚·安德烈耶夫娜·托尔斯塔娅[①]的孙女[②]。不难看出，在她对谢尔盖溢于言表的爱中，有着高尚的意图：她要成为作家的助手、朋友和支柱。

亲爱的加利亚，我在巴库。

1925年4月8日，叶赛宁在给加利亚的信中写道：

我知道，这封信六七天后能到您那里。之前我没有写信，因为我生病了。出了一件奇怪的事情，我们被坏人抢劫了（瓦尔丁在场）。既遗憾也不遗憾，当时我在睡觉，所以一些钱（您给我的那些）和大衣永远地不见了。好在我还有裤子穿。

谢尔盖，亲爱的，请您爱惜一下自己。

5月4日，加利亚回信说：

您有胸膜炎，出血，可您在治疗吗？可能，您打算就这

①索菲亚·安德烈耶夫娜·托尔斯塔娅（Софья Андреевна Толстая），列夫·托尔斯泰的夫人（1844—1919）。——译者注

②此句的意思是，她自认为应该像奶奶一样，成为伟大作家的助手、朋友和支柱。——译者注

样病着去波斯吧。

和谁去？怎么去？

请您先问好，您去那里是不是有害。别做蠢事，我离您也很远，所以，我要说服您更困难。

但是，我还是劝您：如果这世界上还有您觉得珍贵的东西，那么，请您为了这个东西爱惜自己，别折磨自己。

您得的是什么病？您给我写信说过是咽炎，可现在我听说是胸膜炎。

……突然没了大衣以后，我得了非常非常严重的感冒。

叶赛宁继续写道：

现在我好像是有骨膜炎，特别疼。昨天去看了这里最好的医生，但是，他给我做了检查之后说，肺部正常，不过嗓子有咽炎，需要去找楼上的另外一位医生看。这里的人对我特别关心，恰金对我像兄弟一样，我就住在他家，关系非常好。

只是有一个问题：谢列布罗夫斯基（Серебровский）买了纸，却没有付钱给编辑部（好像是为了写“阿石油”[①]的公告）。这里没有钱，以后才会有。因此，收到这封信后，请马上给我寄200卢布。我已经为您准备好了诗歌。

① 俄语为“Азнефть”，缩写词，苏联石油工业部阿塞拜疆石油和天然气开采加工生产联合体的简称。——译者注

主要的是我应该去德黑兰。工作人员都很好。办护照需要钱，坐飞机也要钱。

最近，弗列罗夫斯基要去波斯（两三天后），请等等他。

加利亚回信说：

谢尔盖，亲爱的，如果您决定要去，那就等等他，您和他一起去，要知道，他对您非常好，和他一起去也有意思些。

……亲爱的，我离您很远，所以我要说服您更困难（我给您写信，可是，牙疼得厉害，是神经痛）。请不要像我在巴图姆时那样[①]对我，而卡佳（您不用在意她），等她长大了就会明白的。

您也会明白的，我是去学习。我甚至还想去设拉子，我想我一定会去的。要知道，几乎所有的波斯抒情诗都是在那里产生的。穆斯林说得对：如果他不会唱歌，那么，他肯定不是舒沙人；如果他不会写诗，那么，他肯定不是设拉子人。亲爱的，收到这封信后，给我寄200卢布。请给托尔斯塔娅打电话，告诉她我记得她。要亲亲舒尔卡。她知道她自己在做什么。

卡佳真是不像话。

①这里指的是：在巴图姆时，叶赛宁一封接一封地给别尼斯拉夫斯卡娅发电报要钱，可她却没有回应。

我其实还有一个妹妹（已经死了）奥莉加[①]，比她们好一千倍，但还是挺像舒尔卡的。她们不知道她，不知道，就是不知道。

加利亚，我不会再给您写信了。关心……之后再谈。吻您的手。我还健在。

C.叶赛宁

1925.4.8

这时，叶赛宁已经很确定，必须要与加利亚分手了。前方闪现出一丝模糊的希望之光，那是来自最著名的文学之家的一个温柔、纯洁的姑娘的美好形象。但是，他在这里，她却在那里，对于即将降临的幸福丝毫不知情，怎样才能把关系确定下来呢？只能靠自己那些对事态的未来发展毫不知情的“秘书们”帮忙了。顺便说一下，写出“我不爱作为女人的您”和亲口承认“我打算娶别的女人”本质上不是一回事。不过，加利亚神经不正常，而且还喝很多的酒，所以，在最意想不到的时刻，她可能会耍一些令人不快的花招。叶赛宁突然与她分手，是冒着让自己的亲人遭受打击的风险的。1925年，加利亚放弃了在卢比扬卡的工作。但是，即使知道这一点，叶赛宁也不能不小心。他的两个妹妹和朋友们还在加利亚手里。不过，即使加利亚的危险性增加了，叶赛宁也不会改变：尽管他自己也背叛别人，可他却不愿意原谅别人对自己

① 奥莉加·叶赛宁娜（Ольга Есенина）三岁就死了。

的背叛。对于叶赛宁的“加利亚，我不会再给您写信了”，加利亚是这样回复的：

请给我写一封信吧，难道您不明白，没有您的任何消息我是多么难过？难道您这是故意的？为什么？我什么都不明白。

好了，吻您。我永远属于您，永远爱您。

加利亚

无论如何，与100个背叛的女人分手、摆脱各个机关的跟踪，也比丢开一个能干的秘书容易得多。因此，1925年4月22日，叶赛宁在巴库又给她发了一封电报：

书暂时别出。请像我说的那样写上：献给恰金。如果您做蠢事，我就把您赶走。

叶赛宁

包含《波斯组诗》的小册子很快就要出版了，名字是《花楸的火焰》。难道您发电报说要延缓出版什么的不是它吗？

您怎么不害臊呢——难道可以发那样的电报吗？

无论如何努力，根本弄不明白您的那封电报想说什么。直到现在，我也不明白。请解释一下，为什么要延缓出书？“像您说的那样”指的是什么？

《花楸的火焰》整本书都是献给恰金的吗？真的？可为什么要延缓它的出版？想把它留到秋天？我期待着您对所有问题的答复。

……请按两行诗段的形式排版。

叶赛宁快速回复到。

问候瓦夏·纳谢德金。他知道什么是两行诗段。
也问候沃隆斯基。
请给托尔斯塔娅打电话，让她给我写信。

1925年4月末5月初，巴库

又是一句请求索菲亚·托尔斯塔娅给他写信的话，初看上去这请求无可厚非，说明不了什么，因为他不止请求她一个人给他写信，一人在外总是寂寞的。不是也向纳谢德金和沃隆斯基转达问候了吗？加利亚自己都不知道自己在干什么，竟然亲自安排心爱的人与自己的竞争者接触。

不过，由于突然生病，叶赛宁不得不暂时停止征服索菲亚·托尔斯塔娅的“闪电战”。

我在回去的路上。十天左右到家。

1925年5月5日，他给加利亚写信说：

请找一位最好的治肺痨的医生。叶赛宁。

我躺在医院里。确切地说，是在休息。病情没有人们说得那么可怕。只不过是右肺卡他。五天之后，我就会康复出院。这是在巴图姆感冒的结果，再加上我英明地在四月中旬的大风天在海里洗了个澡，结果就这样了。医生们说什么的都有。最严重的说是急性肺痨。加利亚，而您根据什么说我酗酒呢？我只是因为身体不好借酒浇愁了两三次。仅此而已。最好让我得肺痨。谁爱发愁谁发愁。

为什么我不写信？因为没时间写，我在写大东西。书您随便处理吧，干吗做些劳而无功的事。您问的事情简直让我生气！①

您不明白我的电报是什么意思，我同样不明白您的电报是什么意思。请看其中的一封：

“阿基姆，语言委员会”

这是个什么姓？

电报中的滑稽事比赫列斯达科夫②的信使还多。

就是这样。

小册子《花楸的火焰》您就整个都献给恰金吧。

①这句话是对加林娜的回答，她的问题是：“对了，请写信告诉我，需不需要寄书（难道巴库没有书？）？寄的话，寄什么书：翻译文学？我们国内最近的新书？诗歌？散文？”

②赫列斯达科夫（Хлестаков），果戈里的喜剧《钦差大臣》中的主人公。——译者注

题词内容："怀着爱与友情，献给彼得·伊万诺维奇·恰金"。

要是科利佐夫（Кольцов）出版（这本）书的话，请把叶卡捷琳娜手里的那个头像给他，放在封面上。低头的那个。不过，您要事先把伊莎多拉放在我肩上的那只手涂掉。我喜欢这张头像，要是卡佳这个傻瓜把它给弄丢了，您就给她一巴掌。让她今后再也不要动我最后的和唯一的东西。

是的，我可能很快就回莫斯科，因为我要先去一趟列宁格勒，然后回农村。在老家的奥卡河上，我会觉得好些。好了。

又及：不需要书。恰金那里什么都有。

邓肯在国外写我的东西您看了吗？说我为了研究强盗的生活方式，成了匪帮的头目，在高加索一带活动，还说，好像我给她写信，告诉她："暂时一切都好。"

哈——哈——哈！……给您的信！

而您说的是——洗澡？

"同志们！邵武勉[①]好像活生生地站在我眼前。他曾经对4000人说过：我不在乎你们！"（这是一个突厥族人民委员在发言中说的。）

好吧，暂时就写这些。其他事情穆兰会给您讲的。请好好招待他，他是个好小伙子。问候妹妹们、亚娜、索尼娅和纳谢德金。

爱您的С.叶赛宁

①С.Г.邵武勉（С.Г. Шаумян，1878—1918），生于亚美尼亚，革命家、政治活动家。——译者注

又及：为了别出差错，请把文集交给博戈米尔斯基（“圆圈”出版社）。这是我的决定。我看得出来，您什么也不会做不到，我也不想落在约诺夫手里。还是博戈米尔斯基好些。我可以不用马上拿到钱，但是，您要和他谈好条件。马上给他。约诺夫为了2000卢布都发疯了。首先，在杂志《星》上发表了《歌》，我选了一小部分卖了。不过算了，这是我的事。不管怎么说，跟他你是谈不妥的。快点去找博戈米尔斯基吧。

两首波斯短诗请放在我在家时交给您的最后那两首诗的前面。在《救难仙女》（***Пери***）和《菲尔多西[①]的蓝色故乡》（***Голубая родина Фирдуси***）前面。

不是“我和你在一起不害怕不幸”，而应该是“我不害怕你的不幸”，请改一下，当时写错了。

1925年5月11日

给您的信我昨天就写完了，那时还没有进行会诊。我被禁止喝酒。肺部确实有点不好。医生嘱咐让去阿巴斯-图曼[②]。

请凑一点儿钱寄给我。我必须快点儿去那里。康复之后，我要改变自己的生活。

C.E.

①菲尔多西（940—1020），波斯著名诗人。
②格鲁吉亚的一个小城镇，有山地气候疗养院。——译者注

加利亚！在博戈米尔斯基、阿克塞尔罗德（Аксельрод）或者B.伊万诺夫那里给穆兰找个住处（伊万诺夫认识穆兰）。穆兰是我的巴库朋友。

请好好接待他，包括找到会拉手风琴的人。把托尔斯塔娅请来。他七天后回去。请给我写信，告诉我新消息。

如果他们那里没有房间，就请亚娜帮忙。

我要去阿巴斯-图曼了。

吻您。

C.叶赛宁

1925.5.12

叶赛宁又一次在信中提到索菲亚·托尔斯塔娅，他请她到自己的莫斯科朋友那里去做客，是出于什么目的呢？很可能，要么是姑娘一直也没有给他写信，要么就是客人（穆兰）充当信使，应要求给诗人的心上人传递信件，或跟她解释清楚诗人对她的感情。

这个月[①]我观察叶赛宁，

И.B.叶夫多基莫夫写道：

①指的是1925年5—6月间。

（发现）他每次回来必定是清醒的、充满活力的，穿着一身白色西装（他穿上这身衣服风度翩翩），每次回来都带着未婚妻，并且三次介绍我和她认识——这似乎是诗人深刻而严肃的心理转变的开始，我现在仍然保留着这个记忆。我觉得他会真正结婚，胡闹够了，该走正道了——接下来可能开始一种踏实的新生活。怀疑主义者们却嘲笑说：

“又要结婚了！下一次结婚万岁！”

他本人有一次则说：

“我和索尼娅很久很久以前就开始了……是最最长久的恋爱，现在我们就要结婚了。”

事实上，怀疑主义者们是对的：月中的时候，他有两次是喝醉了回来的，面容憔悴。闲得无聊的人开始悄悄议论：

“昨天从未婚妻身边逃跑了！肯定不能结婚了！”

这时就已经开始动摇了——他迈出的这新的一步正在变成偶然。

这些天之前不久，文学艺术部出版了他的一本书《白桦树的连衣裙》（*Березовый ситец*）。6月12日，他在A.A.别尔津的陪伴下，来部里取给作者的书，走路摇摇晃晃的，脸上带着讥笑，眼神黯淡。我有事被叫到别的部去了。过了一会儿，等我回来的时候，叶赛宁已经不在了。但是，有人交给我一本用红色墨水题词的书：

我不能用酒泡透我的心，
致亲爱的叶夫多基莫夫，

只要我默不作声，
这本书就是一首诗歌。

C.叶赛宁，1925.5.12

亲爱的叶卡捷琳娜！

1925年6月16日，叶赛宁给自己的妹妹写信：

发生了很多事情，改变了而且正在极大地改变着我的生活。我要与托尔斯塔娅结婚[①]，然后和她一起去克里米亚[②]。

临走之前，我得和你好好谈谈。我需要把自己所有的东西都收拾好并给你留下夏天用的钱。快点来，别耽搁。文集我卖掉了，另外还卖了两本书。你的靴子我生气时弄坏了。你来的时候，我给你买双新的。问候舒拉、父亲、母亲和爷爷。你的谢尔盖。

对加利亚来讲，偶像结婚的消息不亚于晴天霹雳和地区规模的宇宙灾难。但是，她最痛苦的不是心爱之人的又一次背叛，而是她自己亲自帮助他与插足者索菲亚·托尔斯塔娅走到了一起。

---

①二人于1925年9月18日登记结婚。

②他们没能去成克里米亚，只是去了巴库，1925年7月25日出发的，住在П.И.恰金位于马尔达奇亚内的别墅里，住到9月3日。

致索菲亚·托尔斯塔娅

看来，注定这样不会改变了——
30岁的时候，我们改邪归正，
虽然伤痕累累，我们却
越来越紧密地接近生活。

亲爱的，我很快就30岁了，
这世界让我日益觉得亲切。
所以我的心开始做梦，
梦见我燃烧着粉红的火焰。

既然燃烧，就应该烧个透彻，
所以我才从鹦鹉那里要来戒指
放进椴树花丛——
那是我们应该一起毁灭的标志。

那个戒指是一个茨冈女人给我戴上的。
我把它摘下来，送给你，
现在，手摇风琴唱着忧伤的歌，
我不能不思念、不胆怯。

头脑里是一片沼泽旋涡，
心里却笼罩着寒湿的雾气：

也许，你说笑着
把它给了别人？

也许，彻夜欢爱之时，
他会仔细地问你，
你是怎样让那个
愚蠢、可笑的诗人写起情诗。

算了！这伤害也会过去。
只是看见生命的尽头太痛苦。
这样的流氓
第一次被可恶的鹦鹉欺骗。

送叶赛宁和索菲亚·托尔斯塔娅去巴库的时候，别尔津"开玩笑地送给他们一个小娃娃和一个小澡盆，说是给娃娃洗澡用"。她这样做，应该是暗示新娘已经怀孕。

别尔津被邀请参加婚礼，很可能是叶赛宁亲自邀请的，至少在1925年7月12日的时候，他送给了她一本书《在白桦树连衣裙的国度》(*В стране березового ситца*)，赠言为："最美好的时刻/都在亲爱的阿纽塔[①]那里/她的目光，像蓝色的门楣/那里有我的爱情，那里有我的心灵。"既然赶到一起了，可能他就亲自向她提出了邀请。生活开始步入正轨。加利亚没有找麻烦，叶赛宁几乎不提邓

①阿纽塔(Анюта)，安娜的爱称，这里指安娜·阿博拉莫夫娜·别尔津。

肯，但是，叶赛宁的小家庭里也不是一切顺利的。

1925年7月7日，叶赛宁给索菲亚·托尔斯塔娅写信：

索尼娅，对不起，我惹你生气了。这是你自己的错。我在吉萨，马上去《红色新事物》和《火花》编辑部，然后给你打电话。

谢尔盖

与他的最后一次见面给我留下了沉重而深刻的印象。

马雅可夫斯基写到。

在国家出版社的财会窗口，我看到一个人向我扑过来，他脸颊浮肿，领带解开，头上的帽子挂在淡褐色的发卷上、摇摇欲坠。他和他的两个黑乎乎的（至少我是这样觉得的）同伴身上散发着浓烈的酒气。我真的是费了很大力气才认出叶赛宁。他挥舞着厚厚一沓十卢布的纸币，非得让我跟他去喝酒，我好不容易挣脱了。整整一天我都想着他那令人难过的样子，当然，晚上和同志们谈了（遗憾的是，不知为什么，对这样的事，大家都总是仅限于谈谈而已）好长时间，说应该找机会帮帮叶赛宁。他们和我一起批评了“环境”的影响，后来我们认为，叶赛宁的朋友们——那些叶赛宁派会照看他，就各自分开了。

亲爱的安娜·阿博拉莫夫娜！

今天早上，我让叶卡捷琳娜去取《红色新事物》杂志的钱。

昨天我和卡津都约好了。

我跟她说好了。他们应该在“当代俄罗斯”编辑部见面。

她取了钱，给自己买了件连衣裙，夜里女裁缝还在给她做衣服，她一个子儿也没给我拿来，人也不露面。

这一切都该结束了！！！但主要的是，我以为、甚至确信自己会拿到钱，所以去了饭店吃饭。付账时钱却不够。

请给马尔克打电话，在周三之前，以您或我的名义向他借50卢布。把钱寄给伊柳什卡（Илюшка）。

爱您的C.叶赛宁

我不知道该说什么。

叶赛宁给自己的夫人写信说：

你再也见不到我了。没有任何原因。我爱你。爱你。

这很正常，我亲爱的，不是一夜之间，而是要九个月之后。

在1925年7月26日给别尔津的信中，叶赛宁写道：

他生下来就死了，我和索尼娅当然很痛苦。但是，尽管我们哭泣和难过，还是高兴地迎接你的到来。问候所有人，问候尤霍夫（Юхов）、马尔克和亚布隆斯基[①]等。

吻您。谢尔盖·叶赛宁

早上他到巴谢伊纳亚街来找我。

В.И.埃利希讲到。

你知道吗？克柳耶夫送了我一个宝石戒指！非常古老！是沙皇阿列克谢·米哈伊洛维奇（Алексей Михайлович）的。

“快，给我看看！”

他把双手放在桌子上，一枚大大的镶宝石铜戒指戴在他右手的大拇指上。

“这样的！跟阿列克谢·米哈伊洛维奇的一样？”

叶赛宁的脸悄悄地红了，含含糊糊地说：

“唉！不过你知道吗？跟谁也不能说啊！他们是一群傻瓜！可他们自己不会知道的！而我觉得开心！”

“可你也像个孩子，谢尔盖！要知道你比我大。而且大很多。”

“亲爱的！而我可能就靠这个活着呢！……”

知道吗，我现在可不写自传。履历表也不搭理。最好让

① 维克多·彼得罗维奇·亚布隆斯基【Виктор Петрович Яблонский，出生时姓扎伊金（Зайкин），1897—1941】，俄国戏剧演员、电影演员、诗人。

人们瞎传去吧！对不？

埃利希，亲爱的，我们在火车上，在去巴库的路上。

1925年7月26日，索菲亚·托尔斯塔娅给B.И.埃利希写信。

令人痛苦的莫斯科远在千里之外，也留在了记忆里。最近这些日子非常沉重。现在是幸福懒散的身心放松的状态。我经常想起您，回忆非常非常美好，我永远也忘不了您的关心。特别希望您一切都非常非常好。请给我们写信，地址是：巴库，《巴库工人》编辑部，П.И.恰金收转。

C.托尔斯塔娅

接下来是叶赛宁的笔迹：

亲爱的沃瓦[1]，
你好哇。
我现在“日子”过得不错，
但如果你没有娶妻，
那你就别娶妻。

---

①沃瓦（Вова），B.И.埃利希的爱称。——译者注

1925年夏天，应该是从高加索回来后，叶赛宁回康斯坦丁诺沃参加远亲的婚礼，陪伴他的是一位年轻迷人的女士，天真的同村人还以为那是他的妻子。

一个梳着两条长辫子的年轻女人……来到我们身边。

叶赛宁童年时代的朋友伊万·科佩京[1]回忆道：

后来我才知道，这是加利亚·别尼斯拉夫斯卡娅……我们对面骑马走来一个农民。叶赛宁举起一只手，拦住了他。叶赛宁请求对方把马借给他：因为加利亚想骑马去兜风。他手里拿着一些纸币，说："我付钱。"然后，谢尔盖把加利亚扶上马，她就像一个真正的骑手一样，在草地上奔跑起来……到了奥卡河边，他们，叶赛宁和加利亚，立刻上了一条船，离我而去……永远离去了……

亲爱的安娜·阿博拉莫夫娜！

1925年8月3日，叶赛宁给别尔津写信：

亲爱的，亲爱的，因为很多人都有的"眼不见，心不念"的习惯，您可能已经把我给忘了。但我还是要努力让您想起

① 伊万·费奥多罗维奇·科佩京（Иван Федорович Копытин，1894—1979），与叶赛宁同村出生，叶赛宁童年时代的朋友。

我。我住在马尔达奇亚内，但是，还想去更远的地方。去哪儿——我自己也不知道。如果我突然到了类似于贝加尔湖那样的地方，您可别觉得奇怪。马尔克①怎么样？他还像从前那样遵守我给他写在书上的训诫（诺言）②吗？还是继续他那牙科实践？卡托怎么样？

我亲爱的，我最宝贵的朋友，别拒绝，请给我写信，告诉我，尼古拉耶夫想让我做什么。这对我很重要，因为文集对我来讲非常珍贵。近几天我会给你寄一批诗歌去，新的、旧的都有。请你把它们转交耶尔莫拉伊奇【（Ермолаич），我现在这样戏称叶夫多基梅奇】③。他需要作者生平的信息吗？我很遗憾没能与尼古拉耶夫通上话。

请给伊柳什卡安排好钱的事情④，还请你原谅，亲爱的，这封信没有描写什么，而只是求你办事。你自己能理解。问候尤科夫。吻你的小手。

C.叶赛宁

1925年秋初，在他过生日的那天（叶赛宁满30周岁）安排了庆祝会。但是，因为诗人精神状态不好，活动没有办成。

---

①指的是M.H.梅伊奇克（M.H.Мейчик）。

②1925年7月20日，叶赛宁把《波斯组诗》送给M.H.梅伊奇克，并在书上写下赠言：“带着热烈的爱送给马尔克，但是请求你‘别咬人，别骂人’。”

③叶夫多基梅奇（Ввдокимыч），即И.В.叶夫多基莫夫。

④之前，卡佳凭委托书已经从国家出版社领走了钱，但是，叶赛宁和他心爱的妹妹吵翻了。

И.В.叶夫多基莫夫回忆到。

举行过两次庆祝活动：1924年和1925年各一次。还是挺多的。这些活动给我终生留下了既沉重、又快乐的回忆，泛着某种既甜蜜、又苦涩的气息。

（1925年）10月26日，叶赛宁写道：

亲爱的安娜·阿博拉莫夫娜！

我的情况比被喂肥待宰的猪还要糟糕。

见它们的鬼，问题不在于我没去取钱而使之积聚成堆，问题在于我现在一个大子儿也没有。连买电影票和给舒尔卡买电车票的钱都没有。

亲爱的！你一直都是我的守护天使。在可能的地方，帮我安排点儿什么吧。100卢布半条命。还有一整首关于金钱可恶的诗。

你的C.叶赛宁

又及：请你别喝含酒精的饮料，对健康和平安十分有害。这我一直都了解，所以才提醒你。

C.E.

……他在萨多菲耶夫[1]那里等我。

H.H.尼基京斯基讲道：

我到的时候，客人们已经吃完了晚饭，正在进行着某种“自己人”之间的争论，叶赛宁没有参与其中。他坐在桌边，用手卷弄着桌布上的流苏，那样子看上去特别孤独。我在他身边坐下。他微微一笑。

我不久前刚刚写完了《黑影人》……你听听：

我的朋友，我的朋友，
我病得非常非常严重。
我自己也不知道，这痛苦来自何处。
或者是风在呼啸，
在空旷无人的原野上空，
或者是……

只是这个开头，他就已经像拳头一样揪紧了我的心。不知为何，一下子让人想起了莫扎特的《安魂曲》(*Реквием*)。现在我不能确切地复述我们当时的谈话内容。我记得，叶赛宁不时开玩笑，很高兴又在一个听众身上“检验”了自己的长诗。我们决定第二天再见面。他答应中午之前到我这儿来，

① 伊利亚·伊万诺维奇·萨多菲耶夫（Илья Иванови Садофьев，1889—1965），俄国诗人、翻译家，列宁格勒诗人协会的主席。

但是，我最终没有等到他。

叶赛宁确实是一位受人喜爱的诗人，不折不扣地受人喜爱。女人们爱他，朋友们爱他，出版社的人也爱他，苏联政权也爱他并关心他。

1925年10月25日，赫里斯季安·拉科夫斯基[①]在给捷尔任斯基[②]的私人信件中请求对方：

> ……救救著名诗人叶赛宁的命吧——他毫无疑问是我们苏联最有才华的诗人，建议……您邀请他去您家，给他好好剪剪头，然后从政治局派一个同志陪他去疗养，看好他，别让他酗酒……

看完信后，捷尔任斯基把它交给了自己的朋友、秘书、政治局事务处长В.Д.格尔松（В.Д.Герсон），信上批注：

> 或许，您能负责一下？

在捷尔任斯基批示的下面，是格尔松亲手写的标注：

①赫里斯季安·格奥尔吉耶维奇·拉科夫斯基【Христиан Георгиевич Раковский，笔名英萨罗夫（Инсаров），原姓斯坦切夫（Станчев），1873—1941】，俄国政治家、国务活动家、外交家，参加过巴尔干地区、法国、德国、俄罗斯和乌克兰的革命运动。

②全名费利克斯·埃德蒙多维奇·捷尔任斯基（Феликс Эдму́ндович Дзержи́нский，1877—1926），俄国革命家，波兰裔白俄罗斯贵族，全俄肃反委员会（简称“契卡”）的创始人，“契卡”也是后来闻名世界的超级情报机构克格勃的前身。——译者注

我打过很多次电话——没能找到叶赛宁。

亲爱的索尼娅，我必须去找自己人。问候您，爱您，吻您。

С.

这封信写于1925年11月26日之前。莫斯科。

（1925年）11月末，托尔斯塔娅-叶赛宁娜与莫斯科大学收费的精神神经病诊所经理П.Б.甘努什金[①]教授约好，让叶赛宁住院治疗。

索尼娅！请把Б.（勃洛克）的书给我寄来。

1925年12月9日，叶赛宁在医院中给索菲亚·托尔斯塔娅写到。

（1925年）12月21日，诗人离开诊所，直接去了国家出版社，在那里撤销了所有的委托书。然后，从存折里取出了几乎所有的钱，第二天就去了列宁格勒，住进了“安格列杰尔”宾馆。

据悉，叶赛宁在列宁格勒没有去过各出版社，也没有安排创作晚会。

在离开医院之前，叶赛宁给他的夫人写了平生最后一封信：

索尼娅，把房间转到你名下。因为我要走了[②]，因此没有

①彼得·鲍里索维奇·甘努什金（Петр Борисович Ганнушкин，1875—1933），俄国精神病学家，С.С.科尔萨科夫（С.С. Корсаков）和В.П.谢尔布斯基（В.П. Сербский）的学生，独特的神经病学流派的创始人。

②叶赛宁是1925年12月23日去的列宁格勒。

必要花冤枉钱了，况且还那么贵。

C.

该信写于1925年12月17—19日之间。莫斯科。

别了……

第三十五章 最后的旅程

叶赛宁的死讯是有人打电话告诉我的。

我一整夜都觉得，他就静静地坐在我家的圈椅里，像最后一次坐在那里时一样。

米克拉舍夫斯卡娅写到。

我记得人们把那窄小的黄色棺木从火车上抬下来的情景，我记得我们跟在棺木后面走的情景。

走着走着，我突然听见身后传来克雷奇科夫的声音：

“他住院后你见过他吗？”

“他去彼得堡的时候，我在车站见过他。哎，我们喝得很痛快！”

我真想打他。

走在盖着的棺木后面，我觉得我只有一个愿望——看见他的头发，抚摸他的头发。后来，当我看到的不是他那漂亮、蓬松的金发，而是梳理得很整齐、由于抹了甘油（抹了很多甘油，为了拓石膏面模）而变黑的直发时，我对他感到无限怜惜。

叶赛宁看上去像一个可怜的生了病的孩子。棺木停在尼基塔街心花园边的印刷大楼里时，一直都有人自发前来悼念。卡恰洛夫[①]朗诵了诗歌。季娜伊达·赖赫搂住自己的孩子哭喊着："我们的太阳走了！"梅耶霍德小心地拥抱着她和孩子们，轻声地说着："你答应过的，你答应过的……"

1925年12月末，桀骜不驯的诗人叶赛宁突然逃离了身边的女人们和整日醉醺醺的同伴，还有最近一段时间试图主导他生活的医生们，出现在列宁格勒。

他说，离开莫斯科，就逃离了散漫的生活，他只想在这里，在涅瓦河畔工作，最终会找到十分执着地要离他而去的安宁。

弗谢沃洛德·罗日杰斯特文斯基在回忆录中写到。

后来证实，他确实是逃离的，（走之前）没有对妻子、朋友透露一句，几乎是从最后那些天一直待在那里的诊所中直接离开的。只有少数人知道他来到了列宁格勒。叶赛宁坚决拒绝了一切文学演讲活动，也没有去各个编辑部。

① 瓦西里·伊万诺维奇·卡恰洛夫【Василий Иванович Качалов，原名什韦鲁博维奇（Шверубович），1875—1948】，斯坦尼斯拉夫斯基剧团的主要演员，最早的苏联人民演员之一（1936），俄罗斯最古老的剧院之一——喀山话剧院以他的名字命名。

那是一个雾蒙蒙、冷凄凄、更像黄昏的清晨。周围的一切都冻得嘎嘎作响，而国家出版社偏僻处的各个房间里人声嘈杂，人们穿着皮衣和毡靴站在那里。我刚刚来到“书屋”书店的顶层，桌子上的电话突然响了起来。恰好在电话旁边的文学家П.Н.梅德韦杰夫[①]拿起了话筒。从他脸上的表情我看得出来，一定是发生了什么不同寻常的事情：“安格列杰尔”宾馆打来电话说，夜里С.А.叶赛宁在自己的房间里上吊自杀了。让把这事通知他的朋友们。我们一下子扑向门口，我们彼此几乎一句话都没说，顺着涅瓦大街和莫尔斯卡亚街向伊萨季广场上的“安格列杰尔”宾馆那阴森森的楼房跑去。

暴风雪大作，又干又猛的风吹打着我们的脸。

叶赛宁房间的门半开着，特别安静也没有外人，这让我十分震惊。叶赛宁死亡的消息还没有传遍全城。

正对着门槛，略微有点儿倾斜，躺着一具僵直的尸体。右手稍稍抬起，保持着平时的弯度僵在那里。浮肿的脸看上去很可怕——没有什么地方像从前的叶赛宁了。只有那熟悉的淡黄色头发还像从前那样斜着披在额头上。他穿着不久前刚熨烫过的时髦的裤子。十分考究的西装上衣就在那儿，挂在椅背上。我觉得特别显眼的是那双瘦瘦的、中间露出袜子边的漆皮鞋。小圆茶几上放着一个装着水的水瓶，茶几后面的小藤椅上坐着一名警察，警察穿着腰部系得紧紧的制服大衣，用一个铅笔头在纸上做笔录。他看到我们来好像很高

①巴维尔·尼古拉耶维奇·梅德韦杰夫（Павел Николаевич Медведев，1889—1938），俄国文学理论家和文学史家、文学批评家，圣彼得堡大学的教授。

兴，马上就让我们作为证人签名。在这张干巴巴的文书上，一切都写得简短而准确，因此，无谓的自杀行为显得更加荒谬和可怕。

房间内的环境冷冷清清的，惯常的陈设，一点儿也不舒适。窗台上没有花，屋里连一本书也没有。叶赛宁唯一的私人物品——他的皮箱大开着，放在旁边的一把椅子上。很多时髦的外国领带像一团亮闪闪的、颜色变幻不定的蛇一样，从里面爬出来。我从来没见过这么多的领带。在冬日惨白色的光亮中，它们耀眼而众多的颜色以不合时宜的亮丽和花哨刺激着人们的眼睛。

这些外国领带可能是邓肯在那边为他挑选的，可能是在巴黎价格昂贵的商店里，也可能是在柏林的街心花园里叶赛宁碰见托尔斯泰夫妇的地方，或者是在纽约，那个时候的苏联是不可能有这样的领带的，叶赛宁应该是临死前看过她的礼物。

……窗外闪烁着斜飞的雪花，在灰白色天空的背景下，黑色的伊萨季塑像看上去像一口巨钟，在冷雾中慢慢地摇晃。

房间里来了一些人，传来一阵小心翼翼的低语声。人们互相转告着事情的细节，几小时之后，这些详情就变得全城皆知了。最初，有很多矛盾不明的地方，而且，叶赛宁也没有留下任何能解释清楚情况的遗书，除了那首著名的四行诗：“再见了，我的朋友，再见了，我亲爱的，你在我的心里……”

医务人员已经把叶赛宁的尸体抬出了房间。

H.H.尼基京斯基回忆道：

晚上，装有遗体的棺木就停在枫丹卡街上的作协里面。稍后，大板车把叶赛宁拉到了莫斯科火车站。当时下着雪，人不是很多。在火车车厢旁边的铁路站台上，人更少。这就是我记得的一切……不，还有两句话。

过了一段时间，人们开始谈论并写文章探讨，所发生的事情错误在谁。当一切都已经发生的时候，再去寻找已经晚了。叶赛宁的诗歌和他的生活曾不止一次引起人们的不安，但是，不知为何，这一切都只在诗歌层面被注意。A.B.卢那察尔斯基写得最公道："我们大家多多少少都有点儿错误，当时应该坚决保护他……"

一整天之后，叶赛宁的遗体被放在枫丹卡街上那时的作协的一个小房间里，身上盖满了鲜花。

弗谢沃洛德·罗日杰斯特文斯基接着说道：

周围的一切都庄严肃穆。前来告别的人一个接一个走进来，有时，有人会长时间停留在棺木旁边。报纸上称叶赛宁为当代最有才华的抒情诗人，刊登了他未曾发表的诗歌，给他的名字加上现在已经不需要的光环。莫斯科正在准备隆重的葬礼。我看着谢尔盖那张严厉的、重又变得年轻的脸。这时，他看上去几乎和生前一样，只是双眉之间出现了一道无法舒展的皱纹。

人们献上很多鲜花。有很多人致辞。有人在他的头旁边放了几本小书——那是他年轻时代的诗歌……

叶赛宁和邓肯曾经在这个房间里住过。好的宾馆都有这样的传统：总是为自己的固定客人保留同一间豪华套房，使他们有宾至如归的感觉。

叶赛宁自杀的坚决和残忍令所有人感到震惊：他先是割腕，后来觉得死得太慢，就自缢了。

想来告别的人都被允许进入，告别的人源源不断。有人在棺木前停留的时间长些，有人走得远些，有人被强行拖走。叶赛宁的理想实现了：如今，所有的报纸都竭尽所能来宣扬他，称他为当代最有才华的抒情诗人，马上开始寻找他那些已经出版和尚未出版的诗歌。而首都已经做好准备，在等待故去的诗人的到来。

季娜伊达·赖赫、梅耶霍德、叶赛宁的妹妹卡佳和母亲塔季扬娜·费多洛夫娜一起站在其遗体旁边的一张照片被保留了下来。在葬礼那天，人们中途短暂停留，让叶赛宁的母亲可以和儿子告别。

1925年12月末的那些天，邓肯在哥哥来蒙特[①]和他们共同朋友的陪伴下住在巴黎。叶赛宁12月28日自杀身亡，第二天所有报纸

---

①来蒙特·邓肯【Раймонд Дункан（圣弗兰西斯科，1874—1966）】，美国舞蹈家、画家、诗人和哲学家，舞蹈家伊莎多拉·邓肯的哥哥。

就都报道了这个消息。来蒙特·邓肯说，得知丈夫的死讯后，邓肯“一句话也没有说”。

过了几天，报纸上发表了这位著名舞蹈家的公开信：

> 叶赛宁惨死的消息使我深感沉痛。他年轻、英俊、才华横溢。他的果敢精神对上天的这些恩赐并不满足，所以努力追求无比的完美，他希望腓力斯丁人也臣服在他的脚下。他毁灭了他年轻、美好的身体，但是，他的精神将永远活在俄罗斯人民心中和所有爱他之人的心中。我严重抗议美国新闻界在巴黎发表的轻率、失实的说法。叶赛宁和我之间没有过任何争吵，我们也从未离婚。我沉痛而绝望地悼念他。
>
> 伊莎多拉·邓肯

结束语

春天。泥泞潮湿。

一大早就开始忙碌。叶赛宁和萨哈罗夫准备乘“快车”去莫斯科。

我们收到了叶赛宁的朋友В.И.埃利希迟来的回忆。不过，为什么说是迟来的呢？确切地说，这是一份提前的回忆，是他在诗人去世两年之后写成的，那时正在编写《同时代人回忆中的叶赛宁》（*Есенине в воспомининиях современников*）一书。

四点左右，我们来到米哈伊尔大街上的一家饭店。在场的俄罗斯文学界人士不少于五人。大家喝到微醺。叶赛宁摇头晃脑地喊叫着：

“你跟我说什么呢，皮利尼亚克[①]？我是比皮利尼亚克更有名的作家！让莫斯科见鬼去吧！我们要去巴黎！”

大家都表示同意。的确，去巴黎更好些。

---

①鲍里斯·安德烈耶维奇·皮利尼亚克【БорисАндреевичПильняк，原姓沃高（Вогау），1894—1938】，俄国作家。

“那好吧！现在我要朗诵诗歌！”

他朗诵了很长时间，朗诵得很好。

最后，萨哈罗夫打断了他：

“行了，谢尔盖！该去火车站了！”

“让火车站见鬼去吧！我不想去火车站！我想去巴黎！”

大家劝了他好长时间，解释说去巴黎也需要坐火车。

后来，他终于同意了。

“那好吧！走！只是去的是巴黎！看着，萨什卡！”

火车临开车之前，他们赶到了火车站。

萨哈罗夫和叶赛宁一步不停地跳进车厢，走了。

这件事很奇怪，因为叶赛宁只跟邓肯一起去过巴黎，而且据他自己对这次旅行的说法，他这辈子都不想看见这个巴黎了。而现在，显然，尽管是喝醉了，他却突然因为回忆起这个栗树花开的城市而心动。国外应该还是有些东西让他喜欢，有些东西进入了他的心里，或者，也可能对于心爱的、爱他的女人的迟来的回忆突然闪现在意识之中，就像拐角处闪烁着的熟悉得不能再熟悉的长围巾……想追上去，抓住她，吓她一跳，弄乱她那染成红色的秀发，轻轻地、轻轻地拥抱她、亲吻她……

因为受不了记者的追逐，邓肯无法再待在巴黎而去了尼斯，在那里她跳了最后一次舞。表演的节目包括舒伯特的《未完成的交响曲》(*Незаконченная симфония*)、《众神之死》(*Смерть богов*)中的哀乐和收尾的《伊索尔德之死》(*Смерть Изольды*)。

“我为他痛哭了很长、很长时间，直到没有力气……现在我心头笼罩着无尽的悲伤和苦楚，因此我经常不由自主地想要随他而去。只是，我要投海自尽。[①]”她曾对伊尔玛坦露心迹。

实实在在地说出自己的打算之后，邓肯真的去了海边，脱下了鞋子，没有脱外衣。然后，她高举起双臂，走入水中，越走越远，直到深水区域。海水没到了她的脖子，到达了她的下巴，亲吻着邓肯涂得鲜艳的红唇……只要再有几秒钟就……这时，岸上的一个英国军官发现了邓肯，把她从水中救了出来。

“这对于电影真是非常好的画面，不是吗？”清醒过来后，她这样说。

只要一次尝试自杀就足够了。

1926年11月，邓肯经济窘迫，为了还债，卖掉了所有不动产。这时，她突然得到了来自己故丈夫的意外眷顾。通知她收取图书再版的稿费——40万法郎。原来，与索菲亚·托尔斯塔娅结婚之后，叶赛宁忘记了解除与邓肯的婚约。其实，也不算是叶赛宁对她的眷顾。她当时非常需要钱，此外，当初是她投入自己的资金为叶赛宁翻译和出版书籍的。尽管如此，为了诗人的妹妹和母亲，邓肯还是拒绝了这笔遗产。

1927年9月14日，邓肯把绣着黄色飞鸟图案的鲜红色围巾往肩膀后面一甩，坐上了一辆竞赛用汽车。她转身面对自己的熟人们，向他们挥了挥手，带着胜利的微笑，大声说：“再见啦，我的朋友们！我要奔向光荣！”

邓肯的围巾从肩膀上滑落，缠在了汽车的后轮上，邓肯瞬间

① 见И.邓肯、А.Ф.马克杜佳尔（А.Ф.Макдугалл）著《伊莎多拉·邓肯在俄罗斯的日子和她在法国的最后岁月》（*Русскиедни Айседоры Дунканиеепоследниедниво Франции*）。

失去了生命。

我清楚地记得人们告知父亲死亡消息之后的那些日子。

康斯坦丁·叶赛宁讲道：

母亲整日躺在床上，几乎不省人事。梅耶霍德小心翼翼地行走在卧室和浴室之间，用水罐给母亲送水、拿湿毛巾。母亲跑出来找过我们两次，她猛地抱住我们，说我们现在成了孤儿。

但是，小时候对亲人的死亡有种独特的认识。相信人们说的，再也见不到这个人了，但是，怎么会这样——还不明白。我和姐姐就是这样的。我记得，我们也哭了，但是，那可能是因为妈妈哭了。然后，去了印刷大厦（今记者中心大楼），塔尼亚朗诵了诗歌……一些阿姨和叔叔轮流走过来，同情地说着什么。瓦甘卡墓地还是一个我们不能理解的世界。一本正经、满脸通红的掘墓工人，人们让我们用童稚的小手捧着往坑里填的土，还有不太合乎逻辑的——妈妈卧室里的台灯。母亲不知为何变得比之前平静了。她说，明天就是新年了。她的妹妹——我们的小姨亚历山德拉·尼古拉耶夫娜（Александра Николаевна）正打算去某一个地方迎接这个新年。

这就是我现在记得的一切。可能，在我20岁、25岁、30岁的时候，还有些东西被很详尽地保留在记忆之中。有一次，我把我记得的一切都记了下来。但是，这些记录散落在我们的家庭文献中，找不到了……

作者简介

尤利娅·安德烈耶夫娜(Юлия Андреева), 1969年出生于列宁格勒，俄罗斯诗人、散文家、作家。她从事各种文学体裁的创作，与多家出版社都有合作。1993年发表处女作。迄今为止，尤利娅·安德烈耶夫娜的著作约有40种，包括诗集、散文、小说等多种题材，这些著作在一些大型媒体上定期刊登。

内容简介

“爱您的谢尔盖·叶赛宁”——叶赛宁在其大部分的信件中都这样署名。“你永远的”、“我爱你，天使和魔鬼”——爱上叶赛宁的女人们都如此回复他，其中包括伊莎多拉·邓肯。

俄国著名诗人谢尔盖·叶赛宁和美国著名舞蹈家伊莎多拉·邓肯的相识与相爱并不是一场美好的罗曼史，而是一场悲剧，最终导致了两人的死亡。

叶赛宁与邓肯——再也找不到比他们两个更不适合的一对了。年龄差距，没有翻译就无法交流——邓肯不会俄语，而叶赛宁不想学习其他任何语言，以及不同的教育背景、交往圈子、社会经历……但他们仍是彼此命中注定的一对。他们两个都是人类中的天才，都是唯物主义世界的理性化诗人。他们用爱的语言来交流。